Les Entravées de Marrakech

BRIGADE MONDAINE : Je souhaite recevoir :
– les volumes cochés ci-dessous au prix de 6,10 € l'unité, soit :
N°.. livres à 6,10 € , = €
+ frais de port = €
(1 vol. : 1,70 €, 2 à 3 vol. : 3,50 €, 4 vol et plus : 5 €)
TOTAL (ajouter à TOTAL abonnements) = €

13 LA CROISIÈRE INTERDITE
15 LA MAISON DES MAUDITES
16 LA PERMISSION DE MINUIT
17 LES CAPRICES DE VANESSA
19 LE VOYOU DE MONTPARNASSE
20 LES FILLES DE MONSEIGNEUR
21 LA NUIT ARABE DE MONACO
22 LA FERMIÈRE DU VICOMTE
23 LA PUNITION DE L'AMBASSADEUR
24 LA SECTE DES AMAZONES
25 LES SIRÈNES DE L'AUTOROUTE
26 LE BOUDDHA VIVANT
27 LA PLANCHETTE BULGARE
28 LE PRISONNIER DE BEAUBOURG
29 LES ESCLAVES DE LA NUIT
30 LES POUPÉES CHINOISES
31 LES SACRIFIÉS DU SOLEIL
32 L'EXÉCUTRICE
33 LA PRÊTRESSE DU PHARAON
35 LES FANATIQUES DE LA VIDÉO
37 SOSIES SUR MESURE
38 LA MARQUE DU TAUREAU
42 LA DISPARUE DE SUNSET BOULEVARD
43 LE PARFUM DE LA DAME EN GRIS
45 LA DANSE DES COUTEAUX
46 LES AMANTS DE SINGAPOUR
47 LA VEUVE DU LAC
48 LES FANTASMES DU NOTABLE
50 CARNAVAL A VENISE
51 LES NUITS BLANCHES DE LA TOUR EIFEL
52 LOVE-TELEPHONE
53 GOLF-PARTY
54 L'ENFER DU COLLECTIONNEUR
55 LES SOMNAMBULES DU DOCTEUR MARLY
56 LES ENVOÛTEES DU MARABOUT
212 L'ENLÈVEMENT DES SABINES
213 LA NUIT DU TOP MODEL
214 LA MADONE DES CHANTIERS
215 LES SERVANTES D'APHRODITE
217 LA DOUBLE VIE DU PATRON
218 LA FORTERESSE DES VOLUPTÉS
219 L'ALCHIMISTE DU DÉSIR
220 LES TROPHÉES DU GUERRIER
221 LES VEUVES NOIRES DU GOLF
222 LE SWING DE LA COMTESSE NOIRE
224 LES COULISSES DU POUVOIR
225 LA MUSE DU PEINTRE FOU
227 LA FÉE DES SANS-LOGIS
229 LE PURGATOIRE DES ANGES DÉCHUS
230 LES GLADIATEURS DE MESSALINE
232 L'AUTOROUTE DU CYBERSEXE
234 LE FANTASME DU VIOLONCELLE
235 HÔTESSE SPÉCIALE POUR JET PRIVÉ
238 LA VIERGE GOTHIQUE
240 LES PENSIONNAIRES DU PARADIS
241 L'ÉQUIPÉE SAUVAGE
242 FILLES PERDUES EN ALASKA
243 LA PRINCESSE DU NÉANDERTHAL
244 LE JEU DU CÉLIBATAIRE
245 LA SPÉCIALITÉ DU CHEF
246 LES VOYEURS DU WEB
248 LA REINE DES DOMINATRICES
249 LA CLINIQUE DU PRINCE CHARMANT
250 LA PREMIÈRE DE LA CLASSE
253 JUMEAUX ET JUMELLES
254 LOVE ACADEMY
255 DRESSÉES ET REBELLES
256 LE DÉSHONNEUR DU JUGE
258 LE FANTASME DU BALLON OVALE
259 LES JEUX DU DIVIN MARQUIS
260 LA STAR DU X
262 LES FLAMMES DE L'AMOUR
263 LA ROSIÈRE DE BAGATELLE
265 LA VENGEANCE DE L'INFIRME
267 POLONAISE SUR CHARBONS ARDENTS
268 LA GAZELLE AU PIÈGE
269 AU BONHEUR DES HOMMES
272 PRINCESSE VAUDOU
274 L'AMANT DE GLACE
275 TRAQUENARD POUR FEMMES SEULES
276 LE VICE DANS LA PUB
277 LES COMBATTANTES DU RING
278 FANTASMES AU MUSEE
284 LES VERTIGES DE LA TUEUSE
285 LA TIGRESSE SE DÉCHAÎNE
286 BLANDINE ET SES FAUVES
287 LE PLAISIR SOUS LE MASQUE
288 LES DESSOUS DE LA PRESSE PEOPLE
289 MORTELLE HARD ROCKEUSE
291 EBATS SUR GRAND ECRAN
292 LA PERLE DU HAREM
293 ACCRO AU PLAISIR
294 LES OIES BLANCHES DU CAPITOLE
297 JEUX DANGEREUX À WALL STREET
298 QUAND LA BELLE SE FAIT LA PAIRE
299 LE MOTEL DES PASSIONS INTERDITES
300 MORTEL TRAFIC
301 L'AMANT DES POUPÉES
302 LES CHASSES LIBERTINES
303 LA FEMME DERRIÈRE LA CLOISON
304 CHANTAGE AU SEXE
305 LES SAVEURS DE L'AMOUR
306 LA DAME AU PARFUM
307 LES FILLES DU CHÂTEAU
308 LA GARCE DU 69
309 TRAQUENARD POUR UN CINÉASTE
310 L'IDÉE FIXE D'OPHÉLIE
311 LA SEQUESTREE DU SEX-SHOP
312 JOUISSANCE INTERDITE
313 LES PIÈGES DU FANTASME
314 DES FLEURS POUR DES FILLES
318 SEXE ET VENGEANCE
319 LE CLUB DES TUEUSES
320 DÉLIRES DÉLÉTÈRES
321 LES FLEURS DU MÂLE
322 ARDENTES BÉNÉVOLES
323 LA POUPÉE HALLUCINOGÈNE
324 LA POUPEE HALLUCINOGENE

Les dossiers Brigade Mondaine de cette collection sont fondés sur des éléments absolument authentiques. Toutefois, pour les révéler au public, nous avons dû modifier les notions de temps et de lieu ainsi que les noms des personnages.

Par conséquent, toute ressemblance avec des personnes existantes ou ayant existé serait totalement involontaire et ne relèverait que du hasard...

ISBN : 978-2-7443-1709-5

MICHEL BRICE

BRIGADE MONDAINE

LES ENTRAVÉES DE MARRAKECH

VAUVENARGUES

Chapitre premier

Gisèle leva les yeux vers le haut de l'immeuble, comptant les étages : huit en tout. Elle murmura pour elle-même : « Le jour où l'ascenseur sera en panne, bonjour les dégâts ! » En fait, elle avait grommelé assez fort pour que son amie Laure l'entendît. Cette dernière répliqua en souriant :

– Défaitiste hein ? Pour toi le verre est toujours à moitié vide !

Gisèle ne releva pas. Elle contemplait les formes arrondies de l'immeuble, visiblement bâti dans les années trente. Elle nota que le métro Vavin était à quelques pas, se souvint que la rue Bréa prolongée de la rue Vavin descendait directement au Jardin du Luxembourg. Il y avait des cafés partout, et le fameux carré des brasseries autrefois fréquentées par les peintres de Montparnasse, la Coupole, le Dôme, la Rotonde et le Sélect. Pas si mal, le quartier.

– Bon, fit Laure impatiente. On y va ?

Toutes deux étaient brusquement saisies d'appréhension. Elles allaient rencontrer leur propriétaire, celui qui avait accepté de leur louer deux chambres de bonne contiguës au huitième étage.

Ce qui avait rapproché les deux amies, l'une aussi brune que l'autre était blonde, c'était à la fois leur communauté d'intérêt pour leurs études de philosophie à la Sorbonne, et le fait qu'il eût été difficile de les départager quant à leurs difficultés financières. L'une et l'autre étaient issues de familles de province modestes, incapables d'assumer pour leur progéniture le coût de la vie à Paris. Pour le dire en quelques mots, Gisèle et Laure étaient sans le sou et tiraient le diable par la queue. La suite de cette histoire montrera que cette expression est à prendre au sens propre.

Elles avaient chacune trouvé un peu de travail, de quoi assurer une maigre subsistance. L'une était à la réception d'un hôtel miteux du 14e arrondissement, du côté de la rue Vercingétorix, l'autre était serveuse dans une petite brasserie, du côté de la Mairie du 15e. Elles suivaient des études de philosophie à la Sorbonne, en deuxième année à Censier. Elles réussissaient plutôt bien, mais évitaient de se demander à quoi pouvait bien mener une maîtrise de philosophie, si ce n'était à l'enseignement, ce dont elles ne voulaient pas entendre parler, ni l'une ni l'autre. Le métier d'enseignant était devenu beaucoup trop dangereux. On y prenait coups et injures, et toute la philosophie du monde leur semblait impuissante à gérer ce genre de situation. Dans ses cauchemars, Gisèle voyait l'un de ses élèves s'emparer de *l'Etre et le Néant*, de Jean-Paul Sartre, gros livre s'il en était, et lui en assener des coups sur la tête, sans doute pour la faire passer de l'être au néant. Elle se réveillait en transpirant. Gisèle la brune était une âme à la fois forte et sensible. Quant à Laure, qui dormait toujours d'un sommeil de bébé, elle ne se posait tout simplement pas de question et prenait la philosophie pour un simple jeu de langage qu'elle maniait fort bien, jusqu'au ton sentencieux parfois.

Au vu de leurs situations, elles avaient vite décidé, après avoir fait connaissance en octobre sur les bancs de la fac, d'habiter ensemble pour diminuer les frais de location. Cela avait duré un certain temps, avant qu'elles ne conviennent que même cette solution économique n'était pas la panacée. Quelque personne bien intentionnée eût pu leur suggérer qu'en se privant de quelques soirées ou de quelques repas au restaurant, elles auraient sans doute pu mettre de côté de quoi subvenir à leurs frais fixes. Mais, outre que cette personne n'existait pas, il n'est pas sûr qu'elles l'eussent écoutée. Elles eussent également rangé leurs plaisirs dans la colonne des frais fixes.

Alors que leur situation quotidienne empirait, elles étaient tombées sur des annonces internet proposant à des étudiantes (tiens… pourquoi pas des étudiants ?) des chambres à des conditions très intéressantes.

Elles n'étaient pas nées de la dernière pluie. Prévenues, connaissant même des copines qui pratiquaient ce genre de… gagne-pain, elles avaient longtemps hésité avant de décider de franchir en grand secret le Rubicon. Elles s'étaient en effet juré de n'en parler à personne, afin de maintenir leur réputation, avec cette illusion morale que ce secret bien gardé les dédouanait, d'une certaine façon, les dispensant de devoir rendre des comptes à leur propre conscience. Poussé jusqu'à un certain degré, le secret efface la chose qu'il couvre et s'efface lui-même, en dernier ressort… c'était un raisonnement que n'eût sans doute pas désavoué Heidegger, sur lequel toutes deux planchaient en ce moment.

Au moment de composer le code qui leur avait été confié, elles se remémoraient le libellé de l'annonce. « Deux chambres de bonne pour étudiantes en difficulté, conditions à discuter. » C'était la brièveté même de l'annonce qui les avait séduites. Elles avaient aussitôt répondu, s'attendant à ce que des dizaines d'étudiantes fassent de même, embouteillant leurs chances d'obtenir une réponse.

Cette dernière était venue deux jours après, sous la forme d'une invitation à venir voir les chambres. Suivaient un nom, une adresse et un code. Pas d'exigence, pas de photo demandée, rien.

Elles étaient donc là, plantées sur le trottoir, lorsque Laure prit les devants et composa le code d'autorité. Elles entrèrent dans le hall au fond duquel une porte vitrée figurait le dernier obstacle. Gisèle, prenant sa part de responsabilité, sonna à côté du nom imprimé en capitales : « ROBUR. »

– C'est quand même un drôle de nom ! Tu crois qu'il est vrai ?

– Tout ce que ça m'évoque, ma chère Gisèle, c'est un roman de Jules Verne, *Robur le Conquérant*.

– Le « conquérant » ? Tout un programme !

« Oui ? » fit une voix rauque déformée par le haut-parleur.

– Gisèle et Laure, les deux étudiantes qui…

– Oui, oui, montez donc, je vous ouvre. Septième étage droite.

L'ascenseur dans lequel elles prirent place n'était pas fait pour les rassurer. Il s'arracha du sol dix bonnes secondes après la commande, dans un affreux gémissement fer contre fer, avant d'entamer sa course – si l'on peut dire – vers les hauteurs. Comme Gisèle s'appuyait sur l'un des battants de bois qui sécurisaient la porte, l'ascenseur cessa d'ascensionner, vibrant sur son câble entre deux étages.

Gisèle pâlit. Elle était claustrophobe. Laure haussa les épaules, appuya de nouveau sur le bouton 7, et l'engin se remit poussivement en marche.

Quand il arriva sur le palier, on les attendait. On leur ouvrit la porte galamment. « On », c'était un homme petit et râblé, tout en muscles, fine moustache, lippe sensuelle, un éclat presque dur dans l'œil, que plissait un sourire d'accueil.

– Bonjour les filles, entrez donc dans mon nid d'aigle.

Gisèle et Laure pénétrèrent dans un appartement baigné de lumière. Il est vrai qu'au septième étage, il n'y avait plus de vis-à-vis. Vers le nord, la vue portait sans obstacle jusqu'à la colline de Montmartre. L'appartement lui-même était comme une avalanche de couleurs vives, presque pures, entre les murs jaunes, les coussins multicolores, les lampes design au néon, un pan de mur d'un rouge vif, et quelques tableaux tous dans des tonalités d'un vert cru.

Au centre du salon trônait un immense canapé. Sur le côté, un comptoir récupéré très certainement d'un vieux bistro parisien déployait son zinc en arrondi.

– Asseyez-vous les filles. Que buvez-vous ?

Il passa derrière le bar et manipula quelques bouteilles.

– Gin, whisky ? Ou peut-être des liquides plus sucrés ? Porto, vins cuits ?

– Euh, fit Gisèle, on voudrait savoir…

– Ta, ta, ta ! Avant les affaires, l'accueil ! C'est

un devoir sacré.

Laure prit les devants.

– Un porto, ça ira.

– Également, fit Gisèle, un peu crispée.

Il les servit généreusement, prit un whisky pour lui-même et vint les rejoindre sur le canapé.

– Allons, trinquons ! M'est avis que vous allez tout à fait convenir aux chambres que je vous réserve.

Il pointa le doigt vers le plafond.

– Elles sont juste au-dessus de mon appartement. Vous aurez votre entière liberté. Mais… il les détailla… ce n'est pas très gentil…

– Comment cela ? fit Laure sèchement.

– De venir en pantalons. J'ai toujours pensé que la jupe seyait mieux aux jeunes filles. Le pantalon ça coince, même pour nous les hommes. Vous avez la chance de sentir vos jambes marcher librement dans vos vêtements. Il m'arrive d'envier les Écossais pour leur kilt, et pourtant hein, croyez-moi, mes mœurs sont tout ce qu'il y a de plus orthodoxe.

– De plus catholique, corrigea Laure.

– Ah ! fit Robur en s'esclaffant, j'aime qu'on ait de l'humour.

– Si nous en venions aux conditions ? fit Gisèle d'une voix un peu étranglée.

Robur la regarda avec intérêt.

– Eh bien allons-y, que voulez-vous savoir avant

que nous allions voir les chambres. Je vous précise qu'elles ont toutes deux le strict nécessaire : lit, armoire, bureau, chaise. Une petite salle d'eau avec douche et lavabo, petite, hein, c'est pas non plus Versailles.

– C'est surtout le prix de location qui nous intéresse.

– Écoutez : je n'ai pas de souci d'argent. Une chance, je le reconnais. Et vous en avez, sinon vous ne seriez pas ici. Eh bien, il faut s'entraider. Je crois que vous faites toutes deux des études de philosophie. C'est bien, vous m'en parlerez, hein ? Je n'ai jamais bien compris ce dont il s'agissait mais je connais des noms hein, n'allez pas croire. Descartes, Kant, Hegel… il faudra me dire ce qu'ils ont dans le ventre. Pour le reste, ça ne devrait pas vous coûter bien cher.

– Mais encore ? insista Gisèle.

Il sourit en lissant sa moustache.

– Allons voir les chambres. En route !

Ils quittèrent l'appartement, grimpèrent un étage. Un long couloir vaguement éclairé de quelques tabatières offrait un aspect vaguement rébarbatif, pour ne pas dire sinistre. Il eût fallu un bon coup de pinceau.

– Ici, les toilettes communes. Désolé, les filles, il faudra sortir de votre chambre pour vos petites affaires, mais attention, elles sont maintenues propres, veillez-y de votre côté.

Il ouvrit une première porte.

– Tenez, Laure, ce pourrait être votre chambre, de toute façon elles se ressemblent comme deux gouttes d'eau.

– Leibniz dit qu'il n'y a pas deux gouttes d'eau identiques. Chacune a son concept propre, persifla Laure.

– J'adore votre humour. Je crois que nous allons nous entendre. Tenez, entrez, regardez, pendant ce temps j'accompagne votre copine à sa chambre.

C'était la porte à côté. Il l'ouvrit, s'effaça pour laisser entrer Gisèle, pénétra dans la pièce à sa suite et referma la porte. Gisèle fit un tour, forcément très rapide avant de rester plantée, intimidée, devant le Velux qui faisait tomber la lumière sur ses épaules nues. Elle vit Robur cligner des yeux.

– T'es sacrément belle. Déshabille-toi.

Gisèle avait toujours su à quoi s'attendre. Elle s'était demandé comment les choses allaient se passer. Le ton direct de son propriétaire, au fond, n'était pas pour lui déplaire, car ce qui l'avait angoissée jusque-là, c'était les préliminaires, les hésitations, les circonvolutions. Là, elle était au pied du mur, au pied du lit, plus de non-dit. Des actes.

– Est-ce que j'ai la chambre ?

– Tu comprends bien que je ne vais pas te signer de contrat. Mais rassure-toi, tu l'as.

Elle fit passer son chemisier par-dessus ses

épaules, révélant soudains ses seins, libres de soutien-gorge.

– Tourne-toi, fit Robur d'un ton rauque.

Elle obtempéra et le sentit se coller dans son dos et empaumer ses seins.

– Nom de Dieu ! souffla-t-il dans sa nuque. Continue.

Elle se tortilla pour se débarrasser de son pantalon, sentant l'érection de Robur contre ses fesses. Dès qu'elle fut nue, elle se jeta sur le matelas dépourvu de tout, éprouvant sa rugosité dans son dos, les jambes pendant au sol, les yeux fermés. Oui, elle les avait fermés, elle ne savait pourquoi… au fond, si, elle savait. Elle ne voulait pas voir. C'était comme la philosophie du secret : ce qu'on ne voit pas n'existe pas. Elle était ailleurs, en attente, comme entre parenthèses.

Robur avait arraché son pantalon et son slip, lui écartait les cuisses. Allait-il comme ça, d'un coup… soudain elle sentit sa langue l'ouvrir, elle la sentit la travailler du haut en bas de sa fente, titillant le clitoris avant de s'aventurer jusqu'à l'orée du pli de ses fesses puis remonter vers son petit bouton qui se déployait. Il avait repris ses seins qu'il pétrissait. Puis il s'empara de ses jambes dont il posa les talons sur ses épaules et elle se sentit brusquement envahie, remplie. Les yeux fermés, elle n'avait pu voir le sexe de son propriétaire, mais elle le sentait gros, massif, sans doute noueux. Elle n'avait pas envie de jouir, elle se livrait pour avoir la chambre, elle était simplement là dans sa chambre, à se faire maintenant pilonner brutalement… C'était comme un chèque qu'elle signait… Non, pas tout à fait. Il arrive que la jouissance vous prenne, énorme, vous renverse alors que la seconde d'avant vous attendiez simplement que ça se passe. C'est ce qui arriva à Gisèle. Soudain, elle sentit monter son orgasme comme une fusée. Elle était décontenancée. Elle gémit avant de laisser ce gémissement partir en cri tandis que son bassin se portait en avant et de côté, comme une houle. Elle entendit Robur. Il disait : « Je savais que tu cachais ton jeu. Timide, réservée ? Donc explosive ! Je vais t'adorer ma belle et tu vas la sentir plus souvent qu'à ton tour, mon épée. »

Dans l'autre chambre, Laure avait collé son oreille contre la cloison et elle entendit le cri de son amie. Elle entendit aussi des grognements suivis d'un hurlement rauque et étouffé. Sans doute Robur avait-il joui. Est-ce qu'elle aussi devrait payer son écot ou bien son propriétaire serait-il hors service pour un moment ? Elle l'entendit se relever et se déshabilla prestement avant de s'allonger également sur son matelas. Quand sa porte s'ouvrit, elle s'était déjà mise sur le ventre, sur les coudes, les reins creusés, les seins fermes visibles entre ses bras, le menton dans ses mains.

Robur s'assit sur le bord du lit et la caressa de la

nuque aux fesses.

– Je t'honorerai plus tard, chère Laure, mais tu peux déjà me donner un gage. D'une manière ou d'une autre, un contrat doit être signé en bonne et due forme.

Elle faillit lui demander quelle sorte de signature il désirait mais elle comprit en le voyant baisser un pantalon et un slip qu'il n'avait fait que remonter hâtivement sur ses reins. Entre les cuisses, elle voyait le sexe de Robur, humide, ayant conservé quelque souvenir affaibli de sa récente énergie. Elle se pencha et tandis qu'elle sentait les doigts de l'homme écarter ses lèvres pour entrer en elle, elle prit le membre dans sa bouche et entreprit de le lécher. Elle eut en bouche le goût âcre du sperme mêlé au jus de Gisèle. Un jus dont elle connaissait le goût, les deux filles s'offrant parfois, presque par hygiène, quelques gâteries tardives le soir, lorsque l'une ou l'autre avait du mal à s'endormir. Elle sentait le membre de Robur frémir entre ses lèvres et prendre quelque consistance, mais il le retira, retira également ses doigts d'entre les plis de son sexe.

– Ce sera pour plus tard, ma belle. Mais soyez satisfaites. Vous avez chacune votre chambre.

Il plongea sa main dans la poche de son pantalon, en sortit des trousseaux qu'il lui tendit.

– Je dois y aller. Vous êtes chez vous. Tu donneras sa clé à ta copine, bye. Et enchanté d'avoir fait votre connaissance.

Il sortit, la laissant presque frustrée. Elle haussa les épaules, alla rejoindre sa copine, qu'elle vit encore étendue sur le lit, comme assommée, jambes ouvertes sur son sexe ouvert et scintillant.

– Eh bien, je t'ai entendue crier. Tu as pris ton pied ?

Gisèle avait retrouvé cette réserve qui la quittait rarement. Elle balbutia un « oui » étouffé.

– Quelle cochonne tu fais ! Si les gens savaient…

Elle s'agenouilla entre les cuisses de son amie.

– Mais qu'est-ce que tu…

– Je te lave, espèce de gourde.

Elle y alla de bon cœur, parcourant tous les plis et même l'aine comme la raie des fesses, pleines de liquides aux saveurs contrastées. Elle sentit Gisèle se tordre.

– Ah non, tu ne vas pas recommencer ! fit-elle avec une sorte d'envie dans la voix. Brusquement, un spasme la saisit entre les cuisses, qu'elle s'efforça de cacher.

– Allez, debout, on se tire !

Gisèle se rhabilla, puis regarda son amie d'un air égaré.

– Il y a une chose qu'on ne lui a pas demandée…

– Quoi donc ?

– Combien de fois… enfin, tu me comprends… Il va venir nous voir tous les jours ? Est-ce que chaque fois que l'envie l'en prendra, il…

– Tu rigoles, ma petite Gisou ! Un contrat est un contrat. Il faudra ouvrir nos cuisses chaque fois que monsieur en manifestera le désir, sinon ce sera la porte. Tu t'attendais à quoi ?

– Tu as raison. Mais… nous sommes deux. Et il ne doit pas être inépuisable.

– Souhaitons-le !

CHAPITRE II

On l'appelait « Monsieur Jo », personne d'ailleurs ne lui connaissait d'autre nom. Vraisemblablement Corse d'origine, encore que… Petit, mince, tout en nerfs, il semblait monté sur pile et ressemblait au petit lapin de la publicité, celui qui s'arrête de bouger le dernier. Vif, l'œil mobile, il était habillé de gris, avec une banalité telle qu'elle en paraissait de la recherche… Peut-être parce que ça ne lui allait pas du tout. On l'aurait bien plutôt vu avec des chaussures jaunes et des pantalons rayés, comme un mac marseillais.

Il était installé à une table du Véronèse, cet établissement qui fait l'angle de la rue Bréa et du boulevard Montparnasse et qui sert de havre à tous ceux qui ne peuvent pas se payer le café hors de prix de la Rotonde ou du Dôme. Il buvait un pastis et s'essuyait le front.

– Fait chaud, hein ? fit le barman compatissant. On serait mieux sur la plage.

– Oui, grommela monsieur Jo.

– Faut dire que si vous avez des envies de sable, vous pouvez toujours aller à Paris-Plage.

– Oui, grommela monsieur Jo, mais ce oui-là avait quelque chose de grinçant.

– Paris-Plage, poursuivait le garçon, c'est pas mal de cuisse, hein ! De la Parisienne pur jus.

Monsieur Jo le regarda d'un œil métallique.

– Écoutez, mon vieux, il fait trop chaud pour parler.

Il se retourna, s'adossa au comptoir et reprit son observation. Robur venait de l'appeler en lui disant que les filles n'allaient pas tarder à sortir et il ne voulait pas les manquer. Derrière lui, il entendait la conversation du barman qui avait trouvé une autre victime. Quelques clients étaient devant la vitrine et il se demandait comment ils pouvaient tenir le coup sous le soleil qui dardait à travers le verre brûlant.

Là-bas, de l'autre côté du boulevard, il vit la porte qu'il fixait s'ouvrir et deux filles en sortir. « La brune, la blonde, ce sont elles... » Il avait payé sa consommation et il était prêt à décoller du zinc lorsqu'il les vit traverser et se diriger vers le café. Elles entrèrent avant qu'il ait pu décider de la conduite à tenir. Ce n'était pas très bon qu'elles le voient alors qu'il était chargé de les suivre. Mais elles eurent l'air de le tenir pour quantité négligeable, s'installèrent au bar derrière son dos et commandèrent des sodas avant de se mettre à pouffer et à parler à voix basse. Monsieur Jo prit le pari que Robur avait dégusté la brune. Lui, des brunes, il en avait plus que soupé dans son coin. C'était les blondes qui le branchaient et il s'efforçait de ne pas se retourner pour la lorgner. Il l'avait vue traverser d'une démarche souple et déliée, les seins portés en avant comme la proue d'un navire. Les jeunes filles aux gros seins l'affolaient toujours, il se tenait en quatre pour ne pas les aborder, les conduire derrière une porte cochère, leur tendre un billet en leur disant « montre tes seins que je les prenne dans mes mains… ». Il entendit l'une murmurer « elle est grosse ? Parce que moi je ne l'ai vue qu'au repos, tu comprends ! ». Elles éclatèrent d'un rire clair, puis la première, redevenue sérieuse s'écria, un ton plus haut : « Dis donc, tu as fait ta dissert sur la réduction phénoménologique ? ». « Je l'ai même finie ! » « La vache ! Moi je patauge. Je me suis embringuée dans la critique analytique de l'intentionnalité… » « Eh bien ma vieille, t'es pas sortie de l'auberge ! »

Des intellectuelles ! Monsieur Jo sentit un frisson lui parcourir l'épine dorsale et passer dans le ventre. S'il y avait quelque chose qui le branchait, c'était bien des filles qui savaient se servir de leur cerveau. En les baisant, il avait l'impression d'être reçu au bac avec mention, lui qui n'avait jamais vu de près ou de loin la queue d'un diplôme.

Les filles sortirent et se mirent à descendre le boulevard Raspail jusqu'au métro Notre-Dame-des-Champs. Monsieur Jo fit la grimace. Il détestait le métro. Mais il fallait y aller. Robur exigeait de tout savoir sur les donzelles : leur adresse, les lieux de leurs cours, leurs copains. Par prudence il monta dans une autre voiture qu'elles et les surveilla par la porte vitrée. Elles descendirent à Notre-Dame-de-Lorette et remontèrent la rue des Martyrs avant de s'engouffrer par un portail dans une cour décorée de quelques arbres en pot étiques. Monsieur Jo se risqua à les suivre après quelques secondes d'hésitation. Elles n'avaient pas paru faire attention à lui dans le café à Montparnasse. Une fois entré sous la voûte, il les vit disparaître par une porte de fond de cour. Presque aussitôt, leurs formes s'inscrivirent derrière les voilages d'une fenêtre. Monsieur Jo grimaça. Un rez-de-chaussée sur cour ! À Paris, habiter au niveau du plancher des vaches, ce n'était pas une sinécure, c'était toujours humide et sombre et l'on ne pouvait jamais ouvrir ses fenêtres.

Il ressortit dans la rue et alla s'installer dans un café en face. Un café qui s'appelait le Sélect. Comme à Montparnasse. Il sourit de la coïncidence, qui lui parut de bon augure, et s'assit en terrasse pour une longue attente. Il ne fit pas attention à l'entrée peu après lui d'un personnage moustachu, vêtu à l'anglaise, qui se mit à l'intérieur, à moitié masqué par un pilier, ce qui ne l'empêchait pas d'avoir une vue imprenable sur monsieur Jo.

Le moustachu prit discrètement son téléphone portable et passa un appel, pianotant sur sa table bistro quelque mazurka endiablée. Il éloigna brutalement l'écouteur de son oreille.

– Eh Boris, ne crie pas, j'ai besoin de mes oreilles !

– Oui, mémé, mais tu as besoin aussi de ton cerveau !

– Qu'est-ce à dire ?

– On vient de découvrir que les micro-ondes des téléphones portables provoquaient des tumeurs. Donc je crie… pour que tu puisses éloigner ton mobile de ta tempe. You see ?

– Et que fais-tu de la discrétion, commandant ? Mon lascar est quasiment sous mes yeux. Si tu cries un tout petit peu plus fort, il pourra apprendre de ta bouche qu'il est soumis à filature.

– Tu as raison, mémé, à tout prendre, il vaut mieux opter pour la tumeur. Ta conscience professionnelle m'étonnera toujours.

– En attendant, Boris, qu'est-ce que je fais ? Il a l'air de s'être installé là comme s'il prenait ses quartiers d'été. Si encore c'était des quartiers d'hiver ! Je transpire, moi !

– Tu n'as qu'à te défroquer de tes habitudes anglaises. Le tweed n'est pas très indiqué en cette saison !

– Tu rigoles ? Ce n'est pas du tweed que je porte, c'est du lin.

– Alors tiens le coup ! Et raconte.

– Il suit deux jeunes filles depuis Montparnasse. Qu'est-ce que je peux te dire d'autre ?

– Des putes ?

– Pas du tout, des jeunes filles comme il faut…

– D'accord, des jeunes filles comme il faut, mais encore : ce qu'il faut comme il faut, où il faut ?

– Boris ! Euh, oui, absolument. Une brune et une blonde dont le charme n'a d'égal que la, que la…

– Que l'intelligence ?

– On pourrait dire ça. Des étudiantes à coup sûr. Elles avaient des sacs d'où dépassaient ce qui pourrait bien être des cahiers de cours.

– Bon…

Il y eut un silence du côté de Boris. Aimé Brichot se remémorait l'affaire qui l'avait amené à se coller aux basques de monsieur Jo. Une information transmise par les Stups. Non que monsieur Jo eût jamais touché aux drogues, mais on avait trouvé son nom dans un agenda prélevé dans le fond d'une valise à Orly, une valise avec des jouets d'enfant en plastique. Sauf que le plastique était un habile mélange de drogue et de durcisseur qui faisait parfaitement illusion. La valise avait été débarquée d'un vol en provenance de Marrakech. Le propriétaire de la valise était en garde à vue, muet comme une carpe. Dans l'agenda, figurait le nom de monsieur Jo, accompagné d'une note sibylline : « Filles. 15 août »

Il se trouvait que monsieur Jo était fiché à la rubrique Pain de fesses d'Interpol, mais également dans les sommiers de la Brigade de Répression du Proxénétisme, BRP, ex-Brigade Mondaine, aux succès de laquelle présidait le commissaire Charlie Badolini, dit Baba, entouré de son équipe de choc : Boris Corentin, le commandant ; Aimé Brichot, le capitaine ; et Géraldine Hébert, lieutenant, une rousse craquante qui aurait bien fait craquer Boris si elle n'avait affiché la couleur dès son arrivée dans l'équipe : elle vivait avec une sublime Danoise, Liselotte Faarup. Elle se disait elle-même féminophile, détestant les autres termes servant à qualifier son choix sexuel. Malgré tout, il y avait quelque chose de plus dans les relations amicales qui unissaient Boris et sa subordonnée. Quelque chose qui aurait pu se formuler ainsi : « Ah si tu n'avais pas aimé les femmes ! » Et, de l'autre côté : « Ah si j'avais aimé les hommes ! » De sorte qu'une porte semblait constamment entrouverte vers l'avenir, à peine un interstice dans la trame serrée du destin, mais qui leur apportait à tous deux l'agréable et légère tension d'un désir diffus, imperceptible.

Entre Géraldine et Aimé, les choses avaient été plus compliquées, le capitaine craignant que l'arrivée de la jeune femme ne perturbe la longue et solide collaboration doublée d'une indéfectible amitié qui liait les deux hommes. Mais la vitalité et la spontanéité de la jeune femme avaient eu tôt fait d'aplanir les difficultés. Et si cette spontanéité se manifestait parfois dans un langage plutôt vert qui choquait le capitaine adepte de *l'understatement* anglais, elle était finalement devenue l'occasion de plaisanteries sans fin où les deux policiers exagéraient chacun dans un sens : Géraldine en forçant le trait, Aimé en arborant une galerie de mimiques irrésistibles aptes à manifester une indignation largement jouée.

Pour en revenir aux mentions relevées dans ce fameux agenda, la Brigade n'était pas loin de penser que « Filles, 15 août » pouvait bien désigner une opération de traite des blanches. En conséquence, monsieur Jo avait été mis sous surveillance, et Géraldine comme Aimé s'y collaient et s'y remplaçaient, un jour sur deux. En fait, c'est Brichot qui avait insisté pour prendre cette affaire au sérieux, prétextant une « intuition fondamentale », à l'occasion de laquelle il s'était livré à une longue digression sur les deux divinités tutélaires de la police : le hasard et la coïncidence. Un bon policier, avait-il conclu, doit savoir tirer partie des deux. À quoi Géraldine, perfide, lui avait demandé si la coïncidence n'était pas une simple variété du hasard, l'une des formes qu'il prenait. Évitant la question, ou plutôt sa réponse, Brichot avait conclu, péremptoire, en citant Einstein : « Le hasard, c'est Dieu qui se promène incognito ».

– Finalement, conclut Boris, tu as peut-être raison : quelque chose se prépare.

– Tu vois bien ! Je reste en place. Tu m'envoies Géraldine dans deux heures.

– Entendu. Tu as pris un bon livre ?

Brichot resta ébahi un moment.

– Tu te fous de moi ? Un livre, un bon livre dans une filature ? Je suis capable de laisser se commettre un crime sans m'en apercevoir. Quel drame quand on y songe : une filature, c'est 95% de temps à jamais perdu.

– Eh bien, gaffe aux 5% restants !

Brichot raccrocha en soupirant. Il savait trop qu'une minute d'inattention suffit : c'est toujours pendant cette minute que se passent les choses.

Une heure s'écoula avant qu'un petit événement ne survienne, parfaitement anodin. Les filles sortaient avec un sac de courses. Elles descendirent la rue des Martyrs vers les boutiques d'alimentation. Monsieur Jo paya, se leva, et entra dans l'immeuble. Brichot attendit quelques secondes avant de se diriger à son tour vers la porte cochère. Il hésita un moment avant d'ouvrir, sur ses gardes. Mais lorsqu'il fut dans la place, il ne vit personne. Au-delà du porche, une cour sombre, vide. « Où est passé ce fumier ? » murmura-t-il avant de se diriger vers la loge de la gardienne.

Il frappa trois petits coups à la porte vitrée. Un rideau s'écarta et le visage d'une gamine apparut, suivi de celui d'une femme qui dérogeait totalement aux idées que se faisait Brichot de la gardienne modèle d'immeubles parisiens. Une jeune femme belle et vive qui lui ouvrit en souriant.

– Monsieur ?

– Désolé de vous déranger. Pourriez-vous m'indiquer l'appartement des deux jeunes filles qui viennent de sortir ? Une brune, une blonde…

Le visage de la gardienne se rembrunit immédiatement.

– Une brune, une blonde, hein ? Si vous me disiez leur nom ?

– Je l'ignore, madame.

– Dans ce cas…

Elle commença de refermer la porte puis tiqua en constatant que le pied de Brichot l'en empêchait. Ce dernier sortit sa plaque de police et la lui tendit en soupirant.

– Pas un mot, madame, je vous demande de la discrétion.

– Elles sont dans la cour, au rez-de-chaussée, porte à droite au fond. Mais ce sont des jeunes personnes correctes, vous savez ! L'une des deux donne des cours de français à ma fille.

– Oh vous savez, madame, tout le monde est correct aujourd'hui. On se demande qui peut bien être l'auteur des délits qui se commettent jour et nuit.

Mais pour ce qui est des jeunes filles, je n'en doute pas. Merci !

Il mit encore un doigt sur la bouche pour insister sur le silence qu'il lui réclamait puis s'en fut au fond de la cour, où il se pencha sur la porte et la serrure. Des éraflures blanches, toutes fraîches, s'y montraient tout autour. « Damned ! songea Brichot. Serait-il dans la place ? Il ne manque pas de culot. » Que fallait-il faire ? Intervenir au risque de bousiller une piste à peine chaude ? Ou attendre ? L'important était d'assurer la protection des filles, même s'il doutait qu'elles risquassent quelque chose, en tout cas pour l'instant. Il se retira à l'autre bout de la cour, engagé sous le petit porche d'une entrée d'immeuble et attendit.

Monsieur Jo pendant ce temps fouillait les bureaux des filles, épluchant le courrier. Il savait qu'il n'avait pas beaucoup de temps. Pas question de se laisser surprendre. Elles devaient avoir des appétits d'oiseau et ne mettraient pas des heures à effectuer leurs emplettes. Il nota leurs noms en les relevant sur des lettres qu'elles avaient reçues, au cas où elles auraient refilé de fausses identités à Robur, ajouta quelques adresses qu'il trouva dans leurs papiers puis, constatant que l'ordinateur de chacune tournait, éplucha leurs mails, releva des adresses qui devaient être celles de leurs parents et de quelques copains, ouvrit la boîte « images » et poussa un sifflement. Les filles d'aujourd'hui n'avaient pas froid aux yeux ! Peut-être qu'elles envoyaient ces photos-là à leurs petits copains. Peut-être qu'elles se photographiaient l'une l'autre avec leurs portables, nues et aguicheuses, avec vue imprenable sur leurs foufounes, gode planté dedans ; à genoux sur un lit, seins pendant à peine, et langue tirée au-dessous d'un regard qui aurait enflammé les pierres. Il y avait aussi des photos de jeunes gars tendus dans une belle érection. Leurs copains ? Décidément, la jeunesse était très romantique. À moins qu'il ne faille méditer sur certaines utilisations fort imaginatives de la technique. Il resta songeur devant certaines images. Il y avait là de quoi faire chanter ces étudiantes. À moins qu'elles ne se foutent de tout, du diable et du bon Dieu ? Il faillit s'asseoir pour expédier quelques-unes de ces photos à sa propre adresse mail mais c'était sans doute inutile, Robur avait déjà dû assurer puisque les chambres qu'il leur « louait » étaient discrètement équipées d'une micro-caméra. En fait, il était temps de se tirer. Il balaya les pièces du regard, s'assurant de n'avoir rien dérangé puis, avant de sortir, scruta la cour à travers le voilage de l'une des fenêtres. Calme plat. Il sortit. Ses mains devinrent moites. Les filles arrivaient. L'avaient-elles vu refermer leur porte ? Non sans doute, mais il en était encore assez près pour qu'elles puissent s'imaginer qu'il venait leur rendre visite.

– Monsieur ? fit Laure la blonde d'un ton sec.

Monsieur Jo en avait vu d'autres et il lui en fallait plus que ça pour se démonter. Il repéra le vert d'une botte de poireaux dans leur sac.

– Salut les filles ! Et bravo ! Vous cuisinez ?

– On n'est pas trop MacDo, en fait. Mais que faites-vous ici ?

– J'achète un appartement ici. Alors je prenais l'ambiance.

En fait, monsieur Jo était furieux contre lui-même. Ce serait beaucoup plus difficile désormais de les suivre. Mais peut-être n'était-ce plus nécessaire ? Il avait ce qu'il fallait pour contenter Robur. Celui-là, il en prenait des précautions, avant chaque affaire. Des renseignements, qu'il disait, il faut beaucoup de renseignements, ce sont autant de leviers. Le monde marche avec des renseignements ! En fait de renseignements, monsieur Jo commençait à être émoustillé par l'air d'insolence qu'arborait la blonde. La brune, plus réservée, n'en était pas moins choucarde elle aussi. Il arbora un large sourire.

– Si ça se trouve, nous allons être bientôt voisins ! C'est chouette non ?

Laure le dévisagea froidement.

– C'est un point de vue, lui assena-t-elle.

Monsieur Jo se sentit bouillir. Pour qui se prenaient-elles, ces deux garces ? Il en avait maté de plus dures qu'elles, du temps où il assouplissait le cuir des récalcitrantes venues de l'Est. Il se sentit des envies de leur arracher leurs vêtements et de leur montrer ce que c'était qu'un homme. En fait, il n'aurait jamais réagi ainsi en temps ordinaire. C'étaient ces foutues images qu'il avait vues sur leurs ordinateurs. Elles le travaillaient en souterrain, l'avaient excité comme seules des photos d'amateur peuvent le faire quand on a tout vu et qu'on est plus que blasé.

– Eh ! fit-il gouailleur, la jeunesse, ça doit s'amuser. Surtout lorsque ça fait des études.

– Oui, fit la brune qui parlait pour la première fois. Tout dépend du compagnon de jeux. Il faut qu'il soit à la hauteur.

Monsieur Jo vit là une ouverture.

– Oh, pour ce qui est d'être à la hauteur… fit-il en gonflant imperceptiblement ses pectoraux.

Laure reprit la parole :

– Ma copine parlait de ça !

Et du doigt, elle se touchait le crâne au-dessus de l'oreille.

Monsieur Jo vit rouge et lâcha sèchement :

– Il y a plein de circonstances où le cerveau ne sert plus à rien. Il serait plutôt un handicap ! Dieu vous garde d'y être mises !

Ce n'est qu'après qu'elles furent rentrées chez elles sans un mot de plus que monsieur Jo se rendit compte du double sens de sa réplique. Il en fut stupidement tout fier. « Les garces ! Elles ont trouvé à qui parler. Mais elles ne perdent rien pour attendre… »

Il vit leurs ombres immobiles derrière le rideau et décida de rompre le combat. Il avait assez déconné. Et s'il avait dérangé quelque chose dans leur appartement qu'il aurait oublié de remettre à sa place, ce n'était pas bon de rester une seconde de plus sur place. Il fila et se retrouva dans la rue, perplexe. Il marcha quelques pas et se réfugia rapidement dans une encoignure. Avait-il vu quelque chose bouger dans un coin de la cour ? Tout à coup son instinct de traqué – il l'avait été plus qu'une fois dans sa vie de malversations – tirait les sonnettes d'alarme et ça carillonnait dur dans son crâne.

Il passa un œil par-delà l'arête du mur. Il y avait un type sur le trottoir, devant l'immeuble des filles. Il devait être sorti derrière lui. Planté là, il fouillait ses poches, dont il sortit un portable… Sacrée invention, ce portable. Bien utile pour se donner une occupation anodine et rester immobile, en faisant mine d'écouter ou de parler tandis que l'œil furetait, que ce soit pour balayer le corps d'une jolie fille installée sur une terrasse de café ou pour des objectifs moins avouables.

« Qu'est-ce qu'il fout ! Il me suit ou pas, ce naze ? » Il ne lâchait pas Brichot des yeux, qui discutait dans son mobile. La conversation parut durer, après quoi, il vit le moustachu ranger son téléphone et s'éloigner lentement en descendant la rue des Martyrs.

Monsieur Jo haussa les épaules. Fausse alerte. Il devenait nerveux avec l'âge, fallait croire. Il quitta son coin protecteur et remonta la rue.

Ce que monsieur Jo ignorait, c'est que Brichot n'était pas seulement un policier, c'était un policier intuitif, doué, vieilli sous le harnois comme on dit. Il avait effectué des centaines de filatures, il savait à peu près tout ce qu'il est bon de savoir sur cette spécialité hautement difficile. Et l'une des choses que savait Brichot, c'était que lorsqu'on file un type qui disparaît soudainement, il y a de fortes chances qu'on se soit fait repérer. Le filé n'est pas loin, mais il s'est caché et il guette, tandis que le fileur risque de se transformer en proie. Dans ce cas, il ne faut surtout pas perdre son sang-froid, donner le change, tenter de renverser à nouveau la situation à son avantage.

Ce qu'avait fait le capitaine : comment monsieur Jo aurait-il pu deviner que le relais venait d'être pris ? Brichot avait discuté au téléphone le temps pour Géraldine d'arriver rue des Martyrs dans sa voiture banalisée. Il s'était bien gardé de la saluer en la croisant, et maintenant elle remontait la rue au pas, guettant une place où garer sa voiture avant que monsieur Jo s'avise de prendre le métro. Il fallait absolument le loger avant d'abandonner la filature permanente. Mais elle voyait se rapprocher dangereusement le carrefour que formait la rue des Martyrs avec le boulevard de Clichy, et songeait à la proximité de la station de métro Pigalle. C'est alors que son portable sonna.

– Oui ?

– Brichot. Tu as peut-être du mal à te garer ? Laisse la voiture devant une porte cochère, les clés au contact. Je suis en train de remonter la rue, je m'en chargerai.

– Mémé, tu es génial !

– Je le sais bien. L'ennui est qu'on ne me le dise pas assez souvent. Bon vent.

Il raccrocha, et finit par repérer la voiture. Il s'a-cheta un pain au chocolat, un quart Vittel, s'instal-la au volant et attendit des nouvelles de sa collègue.

Chapitre III

Marrakech était assommée par une chaleur écrasante. Rien ne bougeait, pas un souffle d'air ne venait animer les fleurs des jacarandas ou les grappes de bougainvilliers. Le ciel était si clair que l'on avait l'impression de pouvoir toucher du doigt les monts du Haut Atlas, dont certains scintillaient de leurs neiges éternelles. Même les insectes faisaient la grève du grésillement. Dans la palmeraie, quelques dromadaires soulevaient paresseusement une jambe, attendant l'impossible client tandis que leurs maîtres étaient allongés sous un dais de fortune, adossés aux monticules qui protégeaient les racines et la base des palmiers centenaires.

Le golf de la Palmeraie étalait ses greens, et n'importe quel passant, s'il avait eu le courage de quitter sa sieste pour s'avancer sous le cagnard, aurait été surpris de constater la verdeur de l'herbe. Comme il aurait été frappé d'entendre ici ou là l'eau dans les bassins où les jets d'eau accomplissaient leur office. Ces bassins, il y en avait partout, ils se multipliaient comme des petits pains, chaque établissement, chaque jardin, chaque patio en était décoré, et l'on se demandait d'où venait toute cette eau dont les divers murmures avaient un délicieux pouvoir rafraîchissant. Jusqu'à ce qu'une bonne âme vous dise : « Elle vient de là-haut ! » en désignant les sommets de l'Atlas.

Autour du golf, le Palmeraie Golf Palace distribuait ses installations : plusieurs hôtels de diverses catégories, des restaurants, des bars, des piscines, un Spa. Et puis des villas, munies de leur Spa, hammam, jardin, piscine privés, qui étaient louées avec un personnel disponible vingt-quatre heures sur vingt-quatre, un personnel qui se composait d'une cuisinière, d'une femme de chambre et d'un valet de pied dirigés par un homme qu'on appelait le butler, qui était à l'entière disposition du moindre de vos désirs. Vous pouviez tout lui demander, il se devait de satisfaire à vos exigences, aussi saugrenues fussent-elles. Bien sûr, c'était au butler de savoir canaliser ces exigences, de les maintenir dans certaines limites, tout un art qu'ils apprenaient dans une école spécialisée. Ils étaient passés maîtres dans l'art de remettre à leur place avec tact, sans jamais se départir de leur sourire, les riches locataires de ces villas, dont certains pensaient que l'argent leur donnait tous les droits.

C'était les butlers qui, lors du départ des loca-taires, faisaient leurs valises. On ignore généralement que cette tâche ennuyeuse peut s'accomplir avec un art consommé dont la visée est double : utiliser toute la place, et empêcher le linge et les vêtements de se froisser. Si votre valise a été faite par un butler, vous pouvez la trimballer sur des milliers de kilomètres, la confier aux brutes qui les jettent dans les soutes ou sur les tapis de récupération, lui faire dégringoler une rampe, une fois arrivé chez vous, ouvrez-la : tout est impeccable, pas un pli.

Quelques rares villas sur les milliers d'hectares de la Palmeraie n'appartenaient plus au Palace. Elles avaient été vendues à des personnes privées, en général des locaux fortunés, ou des proches de la famille royale. L'une d'elles était la propriété d'un Anglais richissime. Il s'appelait Archibald Scanlon, et il était honorablement connu du site du Palmeraie Golf Palace, dont il fréquentait le bar et le Spa. Certes tout le monde savait son goût immodéré pour les femmes, mais qui pouvait lui jeter la pierre, en tout cas chez les hommes ?

Archibald Scanlon avait grandi sous la férule d'un père aristocrate et ancien colonel revenu des Indes. Toute son enfance, à laquelle il faut hélas ajouter toute son adolescence, ce père l'avait entretenu des colonies, de la vie qu'il avait menée là-bas, de l'armée de serviteurs dont il avait disposé, lui inculquant peu à peu l'idée qu'il n'y a de vie véritable qu'oisive, riche, et servie sur un plateau.

Lorsque le jeune Archibald eut atteint ses dix-huit ans, son père le fit venir au chevet de son lit de mort, et, la respiration sifflante, fit promettre à son fils qu'il s'efforcerait, pour l'honneur de la vieille Angleterre, de rétablir autour de lui quelques-uns des fastes exotiques d'un monde à jamais disparu. Et comme le jeune homme interloqué lui demandait où et comment pourrait voir le jour un tel projet, son père lui répondit :

– Mon dernier acte de vivant a été de t'acheter une villa dans la Palmeraie de Marrakech. C'est là que tu t'installeras. Tu auras sous tes ordres James Taylor que tu connais. C'est le meilleur butler que j'aie eu…

– Mais, père, sa réputation n'est pas des meilleures…

– Shit ! Il fera tout pour toi. Et tu prêteras attention à ses suggestions.

– Tout cela va coûter cher !

– Dans notre famille, parler d'argent est une indélicatesse. Mais puisque tu évoques le sujet, sache qu'il y a une clause dans mon testament, qui stipule que tu ne saurais toucher une seule livre sterling de ma fortune si tu ne t'engageais pas à ne jamais rien faire de tes dix doigts… Sauf si tes doigts…

Ici le vieillard eut un sourire égrillard qui parut fort déplaisant au garçon et lui amena quelque rougeur au front.

– Penche-toi que je te bénisse, je me sens partir.

Le jeune homme s'inclina sur la couche du moribond, dont la main se posa sur son abondante chevelure. Comme le temps passait, et que la paternelle main se faisait lourde, Archibald Scanlon conclut que son géniteur venait de quitter les joies de ce monde pour un autre qu'il n'avait jamais cru meilleur. Le jeune homme dut se saisir de la main de son père, l'ôter de son crâne et la déposer sur sa poitrine désormais silencieuse.

Archibald n'avait pas tardé à faire contre bonne fortune mauvais cœur. Sa nouvelle vie l'avait convaincu qu'il y avait quelque plaisir et confort à ne rien faire d'autre que satisfaire ses désirs, et dans ce nouvel état de choses, le butler James Taylor était devenu son âme damnée, comme il avait été celle du père.

Quand il était arrivé au Maroc, pensant d'abord qu'il n'y resterait que quelques jours, il avait compris tous les avantages qu'il pourrait tirer de la villa de Marrakech. Ce fut comme une révélation : il y installerait les mille et une nuits. Il avait convoqué son butler et la conversation entre les deux hommes avait bien duré une grande partie de la nuit. Ils en avaient conclu que leur collaboration étroite pouvait porter les plus beaux fruits puisque Archibald Scanlon fréquentait la haute société anglaise qui ne savait que faire de ses loisirs et de son argent, tandis que James Taylor connaissait une bonne partie de la pègre internationale. Oh, il ne s'agissait pas de trucider ni de truander, juste de tirer quasi légalement tout l'argent possible des amis d'Archibald, en les rendant les plus heureux des hommes.

Et maintenant, revenons à cette villa que les deux hommes avaient passablement transformée, en y effectuant d'importants travaux d'agrandissement pour y réaliser leurs affaires. La modification principale consistait en un escalier qui s'amorçait sur l'un des côtés de la piscine et de ses installations Spa pour descendre dans un sous-sol brillamment éclairé de lampes torches tenues par des bras noirs qui semblaient surgir des murs. Au bout du couloir, deux gardes gigantesques et enturbannés, cimeterre au côté, croisaient leur arme de jet devant une porte en chêne massif dont les deux battants étaient régulièrement parsemés de clous à tête pyramidale. Dans sa folie, Archibald Scanlon avait voulu que les deux hommes acceptent par contrat d'embauche d'être castrés, afin de perpétuer la tradition des eunuques, et il avait fallu toute la force de persuasion du butler James Taylor pour le faire renoncer à de telles extrémités. Du coup, Scanlon s'était consolé en songeant que s'il surprenait les deux hommes dans le harem, il leur trancherait lui-même les instruments de leur faute.

On aura deviné le projet aujourd'hui quasiment en état de marche : pas moins qu'un authentique harem (si l'on pardonnait l'absence d'eunuques en bonne et due forme). Les travaux avaient été quasi pharaoniques : il avait fallu creuser le sol sous la villa, aménager le harem autour duquel dix chambres étaient distribuées, chacune d'une couleur différente. En fait, l'ensemble des sous-sols s'étendait loin sous le jardin. Il avait fallu concevoir une aération et une climatisation efficaces et surtout donner l'illusion que l'on était en surface.

Mais descendons l'escalier, attendons prudemment que les deux janissaires écartent leur lance sur l'ordre de Scanlon, faisons-nous ouvrir les portes et entrons dans la grande salle du harem.

Respirons un bon coup. Tâchons de croire que nous sommes toujours dans la réalité. Car le spectacle est… cinématographique ! Du grand spectacle ! Une pièce qui semble avoir été conçue dans une collaboration inspirée entre Cecil B. DeMille et Dominique Ingres, celui du Bain Turc.

Des marches de marbre blanc veiné d'un vert profond forment comme un cirque à l'antique. Une profusion de poufs, de coussins moelleux et de tapis plus épais que le brouillard de Londres apporte ses notes colorées. Assises sur les coussins, allongées sur des transats… si l'on peut dire car ils sont sculptés aux formes du corps dans une pierre qui ressemble à de l'albâtre, ou plongées dans les bassins, sous les jets d'eau, les unes lavant les autres, des femmes nues ou vaporeusement vêtues…

Des Occidentales surtout. Un spécialiste de la génétique des populations pourrait trouver la clé du choix qui a présidé à leur rassemblement en ces lieux : elles vont par deux. Deux représentantes de chacun des pays de l'Europe, des Scandinaves aux blondeurs lumineuses, des Russes aux visages de sauvageonnes, des Hongroises aux méplats intéressants, des Italiennes généreuses, des Espagnoles dures et aiguisées. En y regardant de plus près, on eût pu noter l'absence remarquable d'un duo de Françaises. Mais cette découverte serait venue frapper bien tardivement l'observateur, car l'œil ne pouvait que s'affoler en découvrant ici une cuisse nue, là un sein pointant ingénument sous le tissu, ou là, plus loin, deux femmes serrées languissamment l'une contre l'autre, et se caressant à peine de la main ou de la lèvre, comme dans un film au ralenti. Et là, sur sa couche de pierre, cette jeune femme – mais l'adjectif « jeune » était ici un pléonasme – cette femme donc, allongée, une jambe pendant sur le sol, l'autre repliée, écartée, et dans l'ombre charnelle de l'entrecuisse, quelque touffeur moite et sombre qui promettait les sept plaisirs de l'âme et les quatorze du corps.

Après un long moment de contemplation éperdue et avide, le spectateur eût peut-être alors été frappé par la beauté des paysages qui se présentaient derrière les fenêtres : montagnes de l'Atlas enneigées, palmeraies dans le désert traversé d'une caravane, sources d'eau vive, foisonnement des bougainvilliers, plage immense que terminait la mer piquée de voiles lointaines, teinturiers travaillant leurs couleurs dans des bassins de terre ocre, troupeaux de moutons et de chèvres, artisans brisant puis pressant les graines de l'arganier pour en extraire l'huile. C'en était trop ! Nulle maison n'aurait pu offrir par ses ouvertures une telle variété de points de vue et d'activités humaines. Et pourtant, quel saisissant effet de réalité. Il y avait même une ou deux fenêtres ouvertes d'où parvenaient de légères brises parfumées à la rose.

La vérité ? Cette salle était une prison à peine dorée. Derrière les fenêtres, derrière les photos savamment éclairées, derrière les films projetés en permanence, derrière ces faux grands espaces, derrière les systèmes de soufflerie qui pulsaient cet air odorant, derrière les tentures et les tissus brodés, il n'y avait qu'un mur de béton qui ceinturait tout le souterrain, béton lui-même accolé aux parois de terre nue. Ce semblant de paradis n'était qu'un tombeau. Les femmes en étaient les vestales contraintes et forcées. Il en était certaines qui trouvaient ce système des fenêtres de la dernière cruauté. Elles avaient en permanence devant les yeux toutes les libertés qu'on leur avait volées, et leur soif de les récupérer en devenait d'autant plus vaine et inextinguible. D'autres s'en accommodaient, rêvant du passé… ou de l'avenir.

Aucune d'entre elles n'avait encore eu à « travailler ». Certes, elles avaient toutes été « essayées » par le maître des lieux et son butler, après quoi on leur avait dit ce qu'on attendait d'elles. De riches clients, principalement des Anglais choisis parmi les relations de sir Archibald Scanlon, mais aussi des princes du Maroc, de l'Afrique du Nord et de toute la péninsule arabe, attendaient impatiemment que le harem ouvre ses portes. Sans se douter de l'organisation que supposait le bon fonctionnement d'un tel gynécée. Sir Scanlon s'était inspiré des harems turcs de Soliman le Magnifique pour maîtriser la complexité d'une pareille gestion. Il avait élu administratrice l'une des deux Anglaises, Betty ; la responsable des chambres était une Allemande, Lisa… Il avait ainsi distribué les responsabilités de façon à favoriser l'émulation, et même l'envie et la jalousie, sachant qu'on ne saurait régner en despote qu'en divisant. Il avait également laissé miroiter des promotions, la plus alléchante étant de loin la libération pure et simple et le renvoi de la méritante dans son pays d'origine. Scanlon savait qu'il ne fallait à aucun prix laisser s'installer le désespoir, grand fauteur de troubles et de mutineries. Aussi les lampes de l'espérance étaient-elles savamment allumées à la moindre occasion.

Pour l'heure, Scanlon supputait ce qu'allaient lui rapporter les fortunes que ses clients payeraient pour passer une semaine dans l'une des chambres du souterrain. En fait, il leur proposait tout simplement de mener pour quelques jours la vie d'un sultan. Il savait fort bien qu'on ne pouvait baiser toute une semaine une femme après l'autre sans que s'installât, plus rapidement que ne l'imaginaient d'ailleurs la plupart des hommes, une profonde et angoissante lassitude. Ne disait-on pas que l'une des plus terribles punitions de l'enfer était de devoir sans cesse assurer les désirs de son sexe, de telle sorte que ce qui passait pour la plus grande des jouissances devenait en peu de temps la plus cauchemardesque des corvées ?

Pour éviter les fâcheux effets du sexe sans frein, Scanlon et son butler avaient institué des règles pour leurs… « protégées ». Ils leur avaient longuement parlé de la marche traditionnelle d'un harem : comment les femmes d'un gynécée devaient distraire leur maître non seulement par les plaisirs érotiques mais aussi par la danse, la musique et la conversation ; comment elles devaient lentement faire monter son désir (et parfois le différer), dans des dialogues sur l'art (toutes les chambres étaient décorées de peintures occidentales orientalistes du XIXe siècle, notamment de Jean-Léon Gérôme et de Giulio Rosati) ; comment elles devaient se mettre en concurrence les unes les autres et rivaliser de séduction pour lui plaire. Rien n'excitait un homme comme de recevoir plusieurs propositions entre lesquelles il avait à choisir. Rien non plus ne l'empêchait d'en choisir plusieurs pour peupler sa couche ; dans ce cas chacune devait se refuser à certains gestes qu'une autre assumait, de sorte que le maître n'avait pas de désir plus pressant que de faire faire ces gestes à qui précisément les refusait. C'était alors tout un art de céder au sultan dans un mélange de contrainte, de timidité, d'acceptation brusque et entière, lui donnant à penser qu'il n'avait rien fait de moins que briser un barrage jusque-là indestructible.

Danse, musique et conversation ? Oui, et c'est bien la raison pour laquelle les deux Anglais avaient expressément recommandé à leurs fournisseurs de choisir des femmes qui en avaient dans le crâne : étudiantes, jeunes assistantes de direction, jeunes enseignantes du supérieur, bref, du diplôme, encore du diplôme. Scanlon avait d'ailleurs, fortement enracinée dans l'esprit (par son père ?), l'idée qu'une femme était d'autant plus faible et manipulable qu'elle était intelligente. Au même titre qu'un homme d'ailleurs. Il ne fallait point voir là de misogynie (elle se manifestait largement par ailleurs !), seulement la conviction qu'intelligence, culture et savoir relativisaient toute chose, rendant toute décision plus difficile chez ces gens-là que chez toute autre personne de plus basse condition intellectuelle. Pour le dire brutalement, un paysan inculte pouvait foutre la pagaille, là où un intellectuel passerait son temps à tergiverser.

Il faut bien dire que sir Scanlon et son butler James Taylor étaient allés très loin dans le raffinement du détail, mais toujours dans le but de maintenir la cohésion et la bonne volonté des femmes qu'ils avaient prélevées ici ou là, sans vergogne, soit par la force soit par la persuasion et la promesse de gains mirifiques. Toutes, une fois arrivées dans le gynécée, avaient compris de quoi il retournait. Elles étaient forcées de devenir des « putes », et ce mot, quand elles le prononçaient devant Scanlon, lui écorchait les oreilles. Il grimaçait, tempétait, jurait que grâce à lui, elles retrouvaient leur vocation première, c'est-à-dire primitive : servir l'homme et tous ses désirs. Il répétait sans cesse que l'institution du harem faisait partie intégrante de l'ordre social et politique dans bon nombre de pays, y compris l'ancienne Egypte, la Grèce, la Chine, que de grandes affaires s'y étaient traitées, de sombres drames aussi, des femmes y avaient empoisonné des rivales, bref, d'après Scanlon, il ne leur offrait rien de moins que l'histoire, la grande Histoire, dès le jour où il les avait intégrées dans le gynécée.

Nous parlions de raffinement dans le détail. En voici un exemple parfait, qui alimenterait autant chez les femmes la résignation indispensable au bon fonctionnement du harem que la variété des plaisirs et des choix chez le client :

Scanlon avait expliqué à ses prisonnières que le sultan avait droit, selon la loi coranique, à quatre épouses. Le client allait donc les choisir parmi elles, et chaque fois, un mariage serait célébré, occasion de fêtes et de ripailles, un mariage par jour les quatre premiers jours. Après quoi, comme dans un film en accéléré, le client, supposé s'être déjà lassé de ses quatre femmes légitimes, en choisirait d'autres qu'il élèverait de ce fait au rang de concubines, des *hassodalik*[1], comme on disait en turc. Une fois lassé des concubines, le client « remarquerait » encore des femmes, ces « remarquées », appelées *gözde*[2], pourraient alors rejoindre sa couche, ce serait les dernières que le client copieusement allégé de son argent aurait honorées avant de regagner son pays en ayant eu le sentiment d'avoir goûté à tous les pouvoirs.

Et lorsque Scanlon ou Taylor, dans leur entreprise de formation de leur troupe de charme, avaient essuyé des révoltes, des refus ou des insultes, ils avaient habilement, et même, comme on va le voir tout de suite, diaboliquement, déclaré que les *gödze* (les simples « remarquées ») auraient de fortes chances d'être libérées après le départ du client, tandis que les *hassodalik* (les concubines) verraient leur régime d'obligations au harem assoupli. Les femmes légitimes, elles, bénéficieraient simplement d'une meilleure nourriture.

1. Les concubines (turc : hassodalik) ou les chanceuses (turc : ikbal). Si elles ont un enfant, elles peuvent devenir épouses.
2. Les remarquées (turc : gözde)

On imagine l'étonnement qu'avait suscité auprès de ces dames cette bizarre hiérarchie dans les récompenses. Dans leur esprit, les femmes légitimes devaient être d'évidence les mieux traitées, avant les concubines et les remarquées. C'était sans compter sur l'esprit machiavélique des seigneurs de ces lieux. Le raisonnement était aussi simple que… tordu : puisque les humbles *remarquées* étaient les plus susceptibles d'être libérées (croyaient-elles… ah, l'espérance !), il fallait donc se faire la plus petite, la plus anonyme possible au début du séjour du client roi, ou plutôt du client-sultan. Il était peut-être habile de trouver moyen de s'enlaidir, pour que le client, choisissant d'abord ses quatre femmes légitimes, les « oublie ». Il fallait continuer à se rendre invisible le cinquième jour, lorsque le sultan choisirait ses concubines ; enfin, les derniers jours, il faudrait s'embellir, se parer de tous les charmes de la terre pour être « remarquées ».

On le devine, ce système pervers induirait dans le harem d'assez redoutables structures relationnelles et de plaisants comportements qui ne sauraient qu'exciter et enrichir les désirs et les folies sultanesques. Il arriverait sans doute que celle qui croirait se faire passer pour la plus terne d'entre elles serait justement choisie comme femme légitime par un sultan curieux de tant d'effacement, un sultan dont le désir serait fouetté comme jamais par la fureur désespérée de l'élue, qui devrait se contenter de l'espoir d'une meilleure nourriture plutôt que de celui d'être libre.

Quant à craindre – après tout, c'était un risque – que tout le harem se ferait aussi laid et aussi peu désirable que possible, c'était inenvisageable puisque l'une d'elles, dont la fonction dans le système était, lui avait-on promis, gage de libération sans condition, avait la charge de contrôler la perfection des apparences, des maquillages, des vêtements. En fait, cette femme, contrainte comme les autres à se prostituer, jouait pourtant le rôle du mouton[1] dans une prison.

Elle devait tout rapporter de ce qu'elle entendrait à Noura Farès, la terrible maîtresse du harem, mais nous aurons une meilleure occasion de parler d'elle plus tard.

Le piège était monté. Les clients, prévenus par un réseau de relations très protégé et très confidentiel, rongeaient leur frein, et ne cessaient de relire le document promotionnel qu'ils avaient reçu : « Vous qui êtes lassé des plaisirs convenus et frelatés, vous qui rêvez d'autre chose, dans un monde qui transforme toute transgression en un forum de vulgarités partagées, nous vous proposons d'être sultan ou pacha sous le règne de Soliman. »

C'était ainsi que s'appelait le lieu secret, le souterrain. On disait : *Le Soliman*.

1. Le « mouton » est un policier à qui l'on crée une fausse biographie de truand et que l'on enferme dans une cellule de prison en compagnie d'un condamné, pour le faire parler « en confiance ».

Et le *Soliman* n'attendait plus que deux Françaises pour ouvrir ses portes à la clientèle la plus discrète et la plus riche du monde.

Chapitre IV

– Je l'ai logé, capitaine. Dans le XVIIe, rue des Moines.

– Rue des Moines ?! Ça lui va bien ! C'est sans doute pour se donner un vernis de respectabilité.

– Capitaine, il y a moine et moine. Songez à l'abbaye de Thélème chez Rabelais, ou aux moines du marquis de Sade. Finalement, ça lui va bien, comme vous dites !

– Ces considérations littéraires mises à part, que-comptez-vous faire, lieutenant ?

– Je vais demander Rabert et Tardet en renfort. Pas question d'assurer cette surveillance à deux, on y passerait notre vie.

– Et vous ne tarderiez pas à défroquer… de la police. Je m'en occupe et passe vous prendre.

Une heure plus tard, Brichot retrouva Géraldine à l'angle de la rue Nollet. Il ne s'agissait pas de faire ça sous les fenêtres du mac.

– Rabert est en place ?

– Oui, fit Géraldine d'un ton rogue. Ce crétin m'a fait un petit signe, histoire de me dire « Tu peux calter ! » Non, je te jure. Si monsieur Jo était à sa fenêtre…

Monsieur Jo justement n'était pas à sa fenêtre. Il se faisait incendier par Robur au téléphone.

– Qu'est-ce que tu fabriques ? Est-ce que tu as les renseignements ? J'ai ce foutu Anglais au téléphone qui ne cesse de me harceler. On doit lui envoyer les Françaises dare-dare. Il prétend que chaque jour qui passe est un manque à gagner qui se chiffre en milliers de livres.

– Des livres ? Il peut parler en euros comme tout le monde ?

– Dis donc, je ne t'ai pas sonné pour un cours d'économie. Tu as les renseignements, oui ou merde ?

– J'ai tout : curriculum vitae, adresses des parents et de toute la smala, et…

– Alors qu'est-ce que tu attends pour rappliquer, nom de Dieu, où es-tu ?

– Chez moi, je voulais prendre une douche.

– Une douche ! (Robur s'esclaffa.) Une douche ! Mais mon vieux, toute l'eau savonneuse du monde n'arrivera pas à nettoyer la crasse morale qui te recouvre. Je te donne une demi-heure pour rappliquer.

Monsieur Jo n'eut même pas le temps d'éloigner l'écouteur de son oreille. Robur avait raccroché avec une violence qui lui tintait encore dans l'oreille quand il sortit de la douche. Il prit le temps de se manucurer en murmurant des « va te faire foutre » qui ne le soulageaient pas. Ce Robur, un jour, il allait y passer. Et d'imaginer les tortures qu'il allait lui faire subir avant de le voir crever. Ça le calma. Un peu.

Il sortit de son immeuble en boulet de canon. Surpris, Rabert, le deuxième couteau de la BRP, installé dans le café en face du porche, eut un mouvement incontrôlé. Ce n'est pas ce mouvement qui le trahit, mais le suivant, celui qu'il fit pour... reprendre le contrôle, en faisant mine de se désintéresser tout de suite du mini-événement. Un type normal eût continué de dévisager quelques instants l'homme qui venait de surgir comme un diable de sa boîte. Mais Rabert manquait définitivement de finesse. Et Monsieur Jo s'en fut sur le trottoir, le dos raide, réfléchissant à toute vitesse. Qu'est-ce que c'était que cette histoire ? Les flics ? Et qui d'autre ! Mais pourquoi ? Il se tenait à carreaux depuis quelque temps, et c'était le premier gros coup sur lequel il s'était mis depuis des lustres. Dans l'état de nerfs où il était, il se serait aussi bien arrêté au prochain angle de rue, aurait attendu son suiveur pour lui mettre un pain dans la gueule. Sous ses dehors presque chétifs, Monsieur Jo cachait des réserves secrètes d'énergie. Il avait été un petit champion local de boxe, catégorie super-légers, et depuis n'avait jamais dépassé son poids de 64 kilos. C'est sa nervosité qui lui donnait sa vitesse de réaction. Toutefois, il n'était pas recommandé de cogner un flic. S'attaquer à quelqu'un d'assermenté, c'était aller au-devant des pires ennuis.

Il fallait donc semer cet imbécile, ce qui ne poserait sans doute pas de difficulté majeure. Monsieur Jo parvint avenue de Clichy et tourna à droite pour rejoindre le métro Brochant. Foutue ligne 13, la pire de Paris, une vraie calamité. Mais elle avait l'avantage de le mener à Montparnasse, où il serait tout près de l'immeuble où créchait ce salaud de Robur.

Il grimpa dans une voiture, sentant l'autre le coller comme s'il avait des yeux dans le dos. Il laissa défiler quelques stations, comme absorbé dans ses pensées, pour calmer le jeu puis, peu avant Varenne, se rapprocha insensiblement de la porte. Il sauterait sur le quai au tout dernier moment. Un classique qui lui fit hausser les épaules.

À Varenne, les portes coulissèrent, il attendit, le nez au vent, caressé par un léger souffle d'air bienvenu dans l'étouffoir de la rame. Comme les portes se refermaient, il sauta sur le quai, de côté. Le petit futé, profitant de sa minceur, avait attendu la quasi-clôture des portes pour s'infiltrer entre les caoutchoucs.

Du coin de l'œil, il vit le flic, visage morne,

impassible. Est-ce qu'il s'était gouré sur toute la ligne (treize) ? Ou ce type avait-il tout de même un embryon de self-control ? Pour ce qu'il en avait à faire ! Il laissa passer deux rames avant de reprendre son voyage. Saint-François-Xavier se présenta, portes qui s'ouvraient, portes qui se refermaient, reprise du voyage… Monsieur Jo se tourna. Il ne put maîtriser son sursaut : le type était là, l'œil dans le vague, comme abruti. Abruti tu parles ! Monsieur Jo commença d'éprouver un peu de respect pour cet homme.

Il se fustigea *in petto*. C'était lui, Jo, qui avait commis la double erreur de descendre à une station sans correspondance et de remonter au même emplacement sur le quai. Perdu pour perdu, le flic avait fait un pari simple : que Jo, trop sûr de lui, continuerait son voyage. Pari gagné. Ç'allait être beaucoup plus difficile de se débarrasser de la barbouze. D'autant qu'elle avait pu téléphoner à ses collègues et, qui sait, monter une opération souricière d'envergure. Jo sentit dégouliner sa sueur dans son dos, sa chemise commença de lui coller à la peau, sensation qu'il avait en horreur. Duroc… Merde, c'est à la prochaine qu'il devait descendre. Puis il y eut un problème entre Duroc et Montparnasse : la rame s'immobilisa. Foutue ligne 13. Un quart d'heure passa avant qu'elle ne s'ébranle. Arrêt à Montparnasse. Et là, monsieur Jo eut une sacrée surprise : le supposé flic descendit sans se soucier de lui. Merde, ça voulait dire quoi ? Jo grimaça salement. Il savait ce que ça voulait dire : entre le moment où il avait attendu deux rames à Varenne et le quart d'heure d'arrêt trop bien venu pour être honnête, ces salauds de flics avaient effectué le remplacement de leur sbire. Monsieur Jo décida de descendre à Gaîté et se mit à scruter les passagers embarqués à Montparnasse. Qui était le flic de service ? Cet homme derrière son journal ? Trop téléphoné ! Quoique, avec ces histoires de troisième degré qui valait bien le premier, comment savoir ? Ce jeune homme bien mis ? Cette fille rousse et joliment délurée ? Il prit plaisir à la contempler. Mais tout ça ne faisait pas son affaire.

À Gaîté, il descendit tranquillement et quitta la station en empruntant le couloir qui, sous l'avenue du Maine, le conduisait directement dans le centre commercial. Il marchait à grands pas. Il entra presque en coup de vent chez Darty, section électroménager, se réfugia dans une encoignure où s'alignaient des fours muraux et se baissa comme s'il examinait attentivement l'un d'eux. Ses yeux, au ras d'un comptoir qui le dissimulait, fouillaient l'entrée du magasin. Il vit quelques personnes entrer… la rousse, tiens ! La rousse ! Il s'esclaffa à l'idée que c'était l'un des noms dont on affublait la police, justement. Se pouvait-il que… Pourtant, elle avait l'air fort naturelle, et, après tout, un certain nombre de gens devaient descendre à Gaîté précisément pour se rendre chez Darty. Il était agacé, crispé par cette incertitude lancinante. Bon Dieu, quand allait-il se sortir de ce merdier !

Pourtant, il ne reconnaissait pas d'autre personne qui fût montée à Montparnasse. La rousse, donc ! Adopté. Stupidement, en bon petit mac qu'il était, il se sentit plus à l'aise avec une femme. Il avait l'habitude de les mater. Celle-là, il en faisait aussi son affaire.

Il se releva, fort satisfait de lui, et s'avança résolument vers elle en la détaillant, avec son plus bel air conquérant. Emballer et embobiner des filles, ça, il savait, et peu importe qu'elle fût sans doute une fliquesse, c'était d'abord une femme.

– Madame, pouvez-vous m'aider ? J'hésite entre quelques modèles de four… et je ne suis qu'un homme. Les combinés four classique/micro-ondes, ça fonctionne bien ?

Géraldine Hébert ne se démonta pas. Elle eut un gracieux sourire.

– Je crois, monsieur, que vous auriez meilleur compte à vous adresser à une vendeuse.

Monsieur Jo eut un geste de connivence et se permit même de la prendre légèrement par le bras.

– Oh vous savez, les vendeuses ! Elles vendent ce que leur patron leur a dit de vendre au briefing du matin, selon les stocks. Un jour telle marque ou tel modèle, le jour d'après c'est tel autre qui passe pour le meilleur du monde. Je préfère m'adresser à la ménagère.

– De cinquante ans ?

Il fut interloqué. Etait-ce un début de flirt ?

– Vous pensez aux sondages ? Il leur faudra des décennies Madame, avant qu'ils songent à vous interroger.

– C'est gentil ce que vous dites.

Monsieur Jo eut un regard aigu par-dessus l'épaule de Géraldine.

– Voyez-vous ce que je vois, madame ?

– Quoi donc ?

– Un café dans la galerie marchande. Je vous offre un verre, en échange vous me parlez des fours. Qu'en dites-vous ?

Intérieurement, Géraldine bouillait. En quelques heures, cette filature catastrophique avait mis hors d'état de nuire deux flics pourtant pas nés de la dernière pluie, Brichot et Rabert. Identifiés, ils n'étaient plus bons que pour le desk dans cette affaire. Il ne manquait plus qu'elle soit brûlée à son tour, et, sincèrement, elle ignorait, à ce stade-là, où elle en était. Fallait-il qu'elle joue les offusquées et envoie paître le petit mac ou, au contraire, jouer le jeu ? Elle opta mollement pour la deuxième solution et lâcha sans enthousiasme :

– Si vous voulez. Dix minutes.

– Pas une de plus !

Il avait eu un drôle d'air en disant cela, mais elle n'y fit pas attention. La terrasse de l'établissement était déserte. Ils s'installèrent et commandèrent deux cafés. Monsieur Jo avait à peine goûté le sien que ses yeux se renversèrent dans leurs orbites. « Oh mon Dieu, vite, le médecin de chez Darty » eut-il le temps de dire avant de s'écrouler sur le sol, en proie aux convulsions, la bave aux lèvres. Son corps s'arquait, les reins littéralement projetés en hauteur. Il bouscula et renversa deux chaises dans son désordre de frissons et de tremblements. C'était si impressionnant que Géraldine s'affola, traversa la galerie et se précipita vers le comptoir d'accueil de la grande surface.

– Vous avez un médecin affecté à l'établissement ?

– Mais oui.

– Vite, allez le chercher !

– Mais… qui le réclame ?

– Là-bas, mademoiselle… et Géraldine se retourna pour désigner le petit homme qui s'étouffait… la langue… elle savait que les épileptiques l'avalaient parfois.

Mais il n'y avait point d'épileptique et l'hôtesse d'accueil l'examinait en hochant le menton mécaniquement. Géraldine se prit la tête entre les mains.

– Madame ? Vous ne vous sentez pas bien ? C'est pour vous, le médecin ?

– Laissez, fit Géraldine. La seule chose dont j'ai besoin, c'est d'un bon coup de pied aux fesses. Et à mon avis ça ne saurait tarder.

Géraldine ne croyait pas si bien dire. Le débriefing du soir dans le bureau du commissaire Charlie Badolini fut orageux. Au point qu'on se serait attendu à voir des éclairs sortir du nuage opaque de fumée que le Corse tirait de ses cigarettes, allumées toute la journée les unes aux autres, au mépris souverain de la loi anti-tabac.

Ils étaient là tous les trois, Boris Corentin relativement à l'aise car il n'avait pas encore beaucoup touché à cette affaire à l'intérêt de laquelle il ne croyait guère. En revanche, Brichot et Géraldine étaient dans leurs petits souliers.

– Résumons-nous fit le commissaire après avoir lâché un cumulonimbus. Le capitaine Brichot prend la filature de monsieur Jo à Montparnasse. Il se rend compte que le mac file lui-même deux jeunes filles, mais il ignore d'où elles sortent. Soudain elles sont là, et le mac décide de les filer ?

Badolini eut un ricanement, souffla un nimbostratus et poursuivit :

– Un coup de foudre, vous croyez ? Un coup de tête ? Pour un coup de queue ?

Ils en furent tous trois ahuris. Les fois où ils avaient surpris le divisionnaire en flagrant délit de vulgarité se comptaient sur les doigts d'une main de dessin animé[1].

– Bref. Vous avez tout de même logé les filles et le mac. Les filles rue des Martyrs, le mac rue des Moines. Dites donc, voilà une histoire fort catho-

1. Rappelons que dans les bandes dessinées et dessins animés depuis Mickey, les mains n'ont que quatre doigts.

lique ou je me trompe ?

Ils s'empressèrent de sourire au bon mot de Baba. Ce dernier se tourna vers Corentin.

– Que comptez-vous faire, Boris ?

– Eh bien, poursuivre l'enquête.

– L'enquête ? Mais sur quelles bases ? Selon quelles présomptions ? Avec qui puisque ce salopard m'a flambé la moitié de ma brigade !

Brichot intervint.

– Commissaire, j'ai été l'initiateur de cette enquête, à partir du carnet que nous ont fourni les Stup. Et je continue de croire qu'il y a anguille sous roche…

– Je dirais plutôt « grenouille dans le bénitier », mais continuez, mon bon.

Corentin n'était pas loin de penser que leur supérieur se foutait de leur gueule. Il écouta Brichot répliquer en ravalant quelques soupirs.

– Commissaire, nous n'allons pas nous attaquer à Monsieur Jo. Il sera toujours temps de lui recoller aux basques puisque nous savons où il crèche. Je crois qu'il faut porter toute notre attention sur les filles. Elles font bizarre dans le tableau. Je pense qu'elles sont en danger.

– Alors enquêtez sur elles. Allez les voir, questionnez-les, reconstituez leur emploi du temps. Mais pas de forcing, hein ! Agissez vec leur collaboration et leur bonne volonté. Ces filles sont blanches comme neige.

– Comme l'Immaculée Conception, commissaire, fit Brichot d'un ton pince-sans-rire.

Badolini sortit précipitamment sa cigarette de sa bouche, l'ouvrit grand tout en fixant le capitaine, remit son distributeur de cancer au coin des lèvres, aspira comme un forcené puis éclata d'un rire homérique, ce qui eut pour effet de fragmenter l'air ambiant en un altocumulus du plus bel effet. Cet homme était un cours de météo à lui tout seul.

Lorsqu'il fut sorti de son étouffement bergsonien, il conclut.

– Allez, au travail ! Et faites-moi un rapport circonstancié sur ces filles. Pour ce qui est de suivre monsieur Jo, il faudra que vous vous y colliez, Boris, en vous faisant aider de Tardet. Il ne reste plus que vous deux. Lorsqu'il vous aura repérés, monsieur Jo enverra des chocolats pour Noël à toute la brigade.

Les trois collègues se levèrent mais comme ils passaient la porte, Badolini les héla.

– J'oubliais…

Il les regardait d'un air goguenard à travers ce qui était devenu un cirrostratus.

– Vous avez ma bénédiction !

Puis il se pencha sur un dossier et parut les oublier.

Dans leur bureau, Corentin prit les choses en main.

– Joli travail, les amis. Je ne peux pas dire que

vous ayez la mienne.

– La tienne de quoi, grand chef ?

– La mienne de bénédiction, Petit Bonhomme.

Le côté acerbe de la remarque était tempéré par cet affectueux surnom dont Boris avait coutume d'affubler le lieutenant Géraldine Hébert.

– Boris, je sais que je tiens quelque chose. Je ne vais pas lâcher mon os en cette période de vaches maigres !

– L'image est osée en ces lieux, chère Géraldine. Il est vrai que ni Mémé ni moi n'avons de kilo à perdre. En tout cas, vas-y, suis ton instinct !

Elle le remercia en papillonnant des yeux tandis que Brichot ajoutait :

– C'est aussi mon instinct, Boris. Il se prépare du gratiné, et nous saurons te le prouver. En attendant, je suggère que nous rentrions chacun dans nos pénates. Demain est un autre jour et nous irons planquer chez les filles. Et peut-être même frapper à leur porte, même si la chose me paraît un peu hâtive.

– Quant à moi, soupira Boris, vous m'avez fait un sacré cadeau. Planquer devant chez monsieur Jo rue des Moines, il y a de quoi s'arracher la tonsure. Mémé, tu salueras ta Jeannette et vos trois mioches. Quant à toi, Géraldine, fais mes hommages appuyés à ta douce Liselotte.

– Tu sais ce qu'elle te dit, ma chère Liselotte ?

– Elle ne dira rien. Elle soupirera.

Boris se baissa pour éviter les stylos Bic qui volaient bas cette année. Quand ses deux collègues furent sortis, il prit le temps d'éplucher tout ce que leur enquête préliminaire avait sorti sur monsieur Jo. Une chose l'intrigua : Monsieur Jo avait fait du trafic entre Tanger et Casablanca, il y a longtemps. Et depuis quelques mois, il retournait régulièrement au Maroc. Le lien était fait entre ces éléments et la récente trouvaille des Stups dans une valise transportée par la RAM[1]. Ça le tracassait. Jamais le mac n'avait touché à la drogue. Filles plus drogue, cela reniflait la grosse affaire, et il n'était pas loin de penser que ses deux acolytes avaient raison de fouiller dans ce micmac ou plutôt, pour terminer sur une note biblique bien dans le ton de l'affaire, ce tohu-bohu.

1. Compagnie aérienne Royal Air Maroc.

Chapitre V

Le petit camion de location s'arrêta, deux roues sur le trottoir, devant l'immeuble du boulevard Montparnasse qu'occupait Robur. De sa fenêtre, ce dernier vit les deux étudiantes s'agiter inutilement. Il sourit. Il leur avait offert le déménagement, peu soucieux de voir leurs copains de fac débarquer chez lui munis des cartons des filles et fourrer leur nez partout. Cela faisait partie du deal. Elles logeaient chez lui, mais il les avait priées, pour leur bien et leur réputation, de tenir les amis éloignés, et même de leur laisser ignorer leur nouvelle adresse, à tout le moins dans les débuts. Elles avaient paru comprendre leur intérêt, quoique fort embêtées à l'idée de ne plus faire la fête chez elles. Mais il fallait choisir. L'aubaine se payait de quelques inconvénients.

De son côté, Robur ne se faisait aucune illusion. Le secret de leur nouvelle adresse allait vivre ce que vivent les roses, l'espace d'un moment. Cela suffirait pour ses projets, car il n'allait pas les laisser moisir ici. Sir Archibald Scanlon s'impatientait. Ce salaud d'Anglais ne lui faisait pas peur, même s'il fallait le ménager car il tenait les cordons de la bourse. Beaucoup plus inquiétant était son butler, James Taylor. Il ne lui aurait pas donné le Bon Dieu sans confession.

Les filles n'avaient en fait pas grand-chose à déménager, vu que les chambres leur étaient « louées » meublées. Quelques vêtements et quelques livres. De petites bibliothèques démontables, des affaires de toilettes, des fards et cosmétiques en pagaille, à croire qu'elles étudiaient plutôt Guerlain que Hegel.

Les livres, c'était lourd, il les voyait suer sur le trottoir mais n'aurait pas songé à leur donner un coup de main. Qu'elles se débrouillent !

Il les entendait arriver par l'ascenseur – elles n'avaient pas à se plaindre, normalement, il était interdit aux déménagements – et marcher au-dessus de chez lui, lâchant brutalement leurs cartons sur le plancher, avec ce je-m'en-foutisme de la jeunesse qui avait le don de l'irriter. Son plafond en tremblait d'indignation. Lorsqu'elles eurent fini leur va-et-vient, il sortit et monta un étage pour venir vérifier leur installation.

– Tout va bien, les étudiantes ?

Elles lui répondirent à peine, harassées, découragées devant le chantier, se traînant d'une chambre à l'autre pour constater le boulot encore à faire.

Robur commençait à ressentir un certain émoi dans les basses régions de son anatomie. Les deux filles avaient un short et un tee-shirt dans lequel elles avaient abondamment transpiré et qui leur collait à la peau, dessinant parfaitement les seins libres sous le vêtement. Le petit froid qu'elles commençaient à ressentir faisait pointer les tétons comme s'ils allaient percer l'étoffe. La manière dont elles s'affalèrent sur leurs cartons n'était pas moins séduisante. Elles étaient là, sans force, alanguies, presque offertes dans leur épuisement. Il leur parla un langage qu'elles surent comprendre.

– Les filles, pour cette fois-ci, je vous prête la salle de bains de mon appartement. Une bonne douche tiède ou froide, rien de tel pour se retaper. Des vêtements secs et propres, et c'est reparti.

L'idée les enchanta. Elles descendirent chez leur logeur et s'engouffrèrent ensemble dans la salle de bains. Bientôt, la douche coula, répandant son bruit de pluie alentour. Robur entra dans la salle de bains. L'eau ruisselait sur les jeunes épaules, coulait dans le dos et sur les seins qui départageaient quatre petits ruisseaux se réunissant sur le pubis, l'un brun, l'autre blond pâle ; dans le dos, l'eau glissait sur les reins en une sorte de caresse continue avant de s'insinuer dans le pli des fesses et de terminer sur l'intérieur des cuisses.

Robur prit un savon et les savonna doucement.

Elles le regardaient d'un air à la fois amusé et indulgent. L'une et l'autre en ce moment pensaient la même chose : « Nous y sommes, le contrat est signé, il faut l'exécuter ». Ou encore : « Le vin est tiré, il faut le boire ». Mais, la fatigue et le bien-être de la douche aidant, elles se laissaient aller à ce confort. Quelqu'un les lavait, comme autrefois maman. Elles se laissaient faire, avec le curieux sentiment d'être devenues des enfants, des enfants qui jouissaient du confort et de la sécurité de la situation, des adultes que saisissait lentement l'ambiguïté de la scène et ses probables aboutissements.

Ce fut Gisèle la brune qui gémit la première : Robur passait ses doigts savonneux dans son entre-cuisse et frottait doucement le clitoris, tandis que l'index de son autre main, bien lubrifié par la mousse, s'enfonçait doucement dans les plis de l'anus. Gisèle se plia en deux, se tordit et laissa échapper un cri. Elle jouissait comme une fontaine, inondant les mains de Robur, s'accrochant à ses épaules pour ne pas tomber, puis ses mains glissèrent sur les biceps contractés, elle fut stupidement sensible à cette force mâle, eut envie d'en savoir plus, fit disparaître sa main derrière la ceinture du pantalon.

– Défais-la, souffla leur logeur, tu ne veux pas que j'aille habillé sous la douche ?

Elle fit prestement l'opération, le pantalon

tomba, elle baissa le slip et eut dans sa main une queue, une bonne queue grosse et chaude qui s'agitait entre ses doigts, palpitante. Elle eut à peine conscience que Robur entrait dans la douche, la soulevait par les cuisses et l'empalait tandis qu'instinctivement, pour l'équilibre, elle refermait ses jambes dans les reins de son pourfendeur, car elle l'était maintenant, pourfendue, agrippée aux épaules, agitée malgré elle d'une houle du bassin qu'elle entretenait, qu'elle accélérait, et curieusement, sa fatigue participait de son émotion, l'orgasme, dans les états de fatigue, montait toujours plus vite, plus fort, comme si le corps avait hâte de se reposer ensuite, parfaitement apaisé. Elle crut gémir plus fort, mais elle avait hurlé, pantelante, sous le regard quasi envieux de la blonde Laure, qui n'osait se joindre à la figure à double corps qui s'agitait devant elle. Libérant l'une de ses mains, Robur prit celle de Laure et la conduisit jusque sur ses bourses dont elle s'empara timidement, les soupesant et les pressant, sentant monter son désir. Elle était beaucoup plus lente que son amie, mais aussi beaucoup plus engagée dans la soif du plaisir une fois qu'elle s'était mise en train. Elle pressa plus fortement les génitoires de Robur, ce qui le fit partir. Il se dégagea du sexe de Gisèle et comme ses premiers jets de foutre se mêlaient en filaments crémeux dans les rigoles d'eau de la douche, il eut la surprise de voir Laure se baisser et l'emboucher précipitamment pour recueillir les derniers spasmes juteux de son membre. Tandis que Gisèle sortait de la douche pour s'asseoir sur le petit tabouret de bois près du lavabo, Laure s'appliqua longuement. Robur était stupéfait de sa bonne volonté. Elle n'était pas, à vrai dire, très douée dans l'exercice de la fellation – Robur avait connu bien mieux – mais peu importait, car le don appliqué que lui faisait cette étudiante, don qui trahissait sa volonté naïve et têtue d'une prochaine contrepartie, valait toutes les techniques. De fait, Robur constata avec une joie reconnaissante qu'elle l'avait remis en état de l'honorer plus rapidement qu'il l'eût jamais imaginé. Il s'assit sur le rebord de la baignoire et l'installa doucement sur ses cuisses, la laissant venir sur sa verge dure comme du bois. Elle avait de curieux déhanchements qui lui faisaient gagner centimètre sur centimètre, la sensation de cette colonne dans son vagin étroit augmentait en intensité à chacune de ses houles latérales. Elle comprit soudain, non sans effroi, que la situation, la contrainte où l'avait mise cet homme, sa fatigue, le spectacle frustrant qu'il lui avait donné en s'occupant de Gisèle d'abord, tout cela se conjuguait pour lui offrir une jouissance qu'elle se mit à craindre plus que tout, la freinant, ralentissant sa descente sur l'engin de cet homme… et ce fut peine perdue. La jouissance vint, d'abord par vagues venues du fond de son corps, de quelque part où elle n'avait encore jamais eu accès ; elle vint, elle envahit tout, recouvrit tout. Plus tard, elle découvrit les blessures que ses ongles avaient infligées aux épaules de son partenaire. Elle découvrit combien elle avait poissé ses cuisses de son jus. Elle découvrit qu'elle avait recommencé à s'agiter dans un état second, l'homme ayant étrangement gardé sa vigueur. Elle découvrit qu'en fait elle avait joui deux fois. Elle sortit comme une zombie de la salle de bains et alla se coucher, tout humide et enfiévrée, à même le tapis, à l'entrée du salon, car elle n'aurait pu aller plus loin. Elle découvrit que Gisèle la regardait d'un air inquiet et envieux, comme si cette dernière avait mesuré l'écart qui séparait son propre orgasme de celui de Laure.

Il était possible qu'à ce moment, Robur n'eût pas pris la mesure de l'influence, sinon du pouvoir qu'il pourrait exercer désormais sur les deux filles, l'une ayant découvert une terre inconnue, moins sans doute par les vertus de l'homme que par celles de la situation dans son ensemble, mais enfin, c'était tout de même l'homme qui avait créé, imposé cette situation ; et l'autre fille, Gisèle, prête à beaucoup de concessions dans l'espoir d'accéder au royaume ignoré qu'elle subodorait. Mais enfin, si elle avait dû y accéder, c'eût été tout de suite, à l'instar de sa copine. Elle avait sans doute définitivement manqué l'occasion, trop tournée sur elle-même et sur sa forte personnalité, tant vantée sinon admirée de ses amis. Occasion manquée ? Tant mieux pour Robur, elle serait d'autant plus souple qu'elle espèrerait toujours une prochaine occasion, la bonne. Robur n'était certes pas assez fin pour comprendre la complexité des sentiments de ses locataires, et les liens qu'il venait de créer. Pourtant, il devinait confusément qu'il les avait à sa main, qu'il avait fait des progrès tels qu'il n'aurait pas à redouter, dans les journées qui suivraient, que l'une ou l'autre refuse d'honorer le contrat de location, définitivement signé sous l'eau d'une douche avec deux filles saoules de fatigue et de plaisir associés.

Tandis qu'ils avaient regagné tous trois son salon, et qu'il leur accordait quelque moment de repos avant de les renvoyer dans leurs chambres, il vint à Robur l'idée qu'il pourrait se passer de monsieur Jo. Le mac lui avait raconté ses déboires. Même s'il lui avait rapporté quelques renseignements essentiels sur les filles, il avait foiré pour le reste, et sans doute alerté la flicaille, qui devait se demander si c'était du lard ou du cochon. Monsieur Jo, il en avait encore besoin pour embarquer les filles à Marrakech. Il était sûr qu'elles feraient merveille au Soliman. Jo avait ses filières, ses points de passage. Mais après tout, si les filles venaient à Marrakech de leur plein gré ? Fini, les magouilles avec Jo, sans parler du fait que le salaud savait se faire payer plus que de raison. S'il économisait la part de Jo, il pourrait s'offrir l'Aston Martin de ses rêves. Avec une couleur personnalisée.

Il sentit que le moment de sonder les filles était venu. C'était maintenant ou jamais qu'elles pouvaient accepter sa proposition, qu'aucune fille sensée n'aurait écoutée, même celles qui acceptaient de se loger contre le don de leur corps.

– Dites, les filles, j'ai une idée superbe, je vous la soumets, j'ai l'impression qu'on va bien s'entendre tous les trois. Vos cours sont terminés, vous êtes libres. Je vous offre quelques jours à Lisbonne : hôtel de luxe, golf, spa, gastronomie… qu'est-ce que vous en dites ? Quelques jours seulement ! Je ne suis pas Crésus. Après je vous ramène ici.

Il était plutôt content de son réflexe de dernière seconde. Lisbonne ! Comme cela, si les filles parlaient avant le départ, elles égareraient les recherches. Si recherches il y avait. Et puis, Lisbonne, il se demandait d'ailleurs bien pourquoi, c'était une destination qui faisait craquer les étudiants.

– Super ! fit Gisèle. T'es finalement drôlement gentil, toi. Malgré ton âge, tu pourrais presque devenir un copain !

Et voilà, c'était aussi simple que ça. Mais Laure ? Quel était l'avis de Laure ? Il la regarda en souriant.

Laure était encore sur son tapis. À plat ventre. Elle sentait la laine lui chatouiller les lèvres qu'elle avait encore gorgées de sang, trempées. Elle s'était mise sur les coudes. Des frissons lui remontaient encore la colonne vertébrale pour aller s'éteindre dans sa nuque en légers friselis. Elle regarda Robur et dit :

– Je veux bien.

Robur se leva, troublé. C'était dingue, voilà qu'une érection le reprenait. Un regard, un simple regard. Trois mots banals, « je veux bien ». Et alors ? Il était tombé sur la tête ! Il alla chercher sa sortie de bain et s'en revêtit. Nom de Dieu, où était sa fatigue ? Revenant s'asseoir sur le canapé, il tenta de maintenir fermés les pans de son vêtement. Ils glissaient sur sa cuisse. Son membre pointait, la tête violacée. Il se sentait raide jusqu'à l'intérieur du ventre. Étrange sensation, comme si son sexe se prolongeait profondément en lui. Il vit Laure ramper, il vit ses cheveux blonds monter le long de ses jambes, sa tête fourrager entre les plis du vêtement, il vit sa bouche s'ouvrir et soudain il ne vit plus son membre, englouti jusqu'au pubis, malaxé, sucé, caressé. Trois secondes après, à son corps défendant, sa semence partit, en lui faisant presque mal. Elle partit dans le fond de la gorge de Laure. La petite accueillit le jet les yeux fermés, une expression presque recueillie, Robur la regardait, stupéfait, on n'ose dire bouleversé, il lui trouvait l'air d'une communiante, effrayé dans l'instant par le blasphème. Laure attendit que tout le sperme eût rempli sa bouche et que le membre de Robur eût cessé de tressauter, puis l'avala doucement, laissant encore le bâton de joie se baigner et s'apaiser dans son propre jus.

Il lui posa une main sur la tête, caressant ses cheveux.

– Toi alors !

Il ne vit pas que Gisèle lui jetait un regard meurtrier. Elle se leva, toujours nue, insolente, et tira son amie par le bras.

– Laure, ça suffit ! On a du boulot.

– Quel boulot ?

– Aménager, et ce n'est pas rien. Alors tu viens. Tu as oublié qu'on dînait chez Claude ce soir. Si tu crois que j'ai envie de revenir ici me coucher au milieu des cartons, tu te fourres le doigt dans l'œil.

Laure se leva de mauvaise grâce. Quant à Robur, sentant de l'eau dans le gaz, un peu perdu dans les complications que se faisaient les filles entre elles, il comprit qu'il devait donner du grain à moudre à Gisèle. Il passa derrière elle, l'appuya contre lui et referma ses mains sur ses seins.

C'était très maladroit. À peine un os qu'on donne à ronger à un chien. Elle le repoussa si sèchement qu'il tomba en arrière. Il se releva, blême de rage. Toute sa violence lui obscurcit d'un coup le cerveau. Il redevenait le Robur que tout le monde connaissait dans son milieu, et le redevenait d'autant plus durement qu'il s'était laissé aller d'une manière inexplicable avec Laure. Il n'avait qu'une envie : se débarrasser de toute cette douceur incongrue qui l'avait perturbé, toutes ces affaires de don de soi auxquelles il n'avait jamais rien compris. Et la cible fut Gisèle. Il lui balança une gifle. Si forte qu'il fut lui-même surpris de la voir littéralement décoller du sol et aller s'affaler derrière le canapé, cul par-dessus tête, brisant au passage un fragile bonheur-du-jour en marqueterie, un meuble hérité de sa grand-mère dont il n'avait jamais su mesurer la valeur.

« Et voilà, se dit-il. Tant de terrain gagné. Et d'un seul geste, je fous tout par terre. »

Il vit Gisèle se relever, prendre Laure par le bras et l'entraîner hors de la pièce. Comme elles passaient le seuil de son appartement, il dit :

– Et Lisbonne ?

Gisèle, dont la joue commençait déjà à gonfler, se retourna et le dévisagea, sans expression.

– C'est d'accord.

– Attends ! J'ai quelque chose pour toi.

Robur ouvrit un tiroir et tendit un tube bleu à la brune.

– Tiens ! C'est une dose homéopathique d'arnica. Suce lentement les grains sous la langue. Il désigna son enflure. Ça devrait arranger les choses.

Les deux filles quittèrent la pièce, bras dessus bras dessous.

Au milieu de son salon, les pans de sa sortie de

bain à nouveau écartés, son sexe pendant entre ses cuisses, complètement rabougri au creux de ses bourses fripées et recroquevillées, Robur resta un moment à contempler, l'œil vide, la porte qui venait de se refermer.

Chapitre VI

Robur se réveilla la bouche pâteuse et les jambes flageolantes. Il lui fallut une bonne douche glacée et deux pots de café avant qu'il se sente les idées remises en place. Il avait du boulot aujourd'hui. Il s'installa d'abord à son bureau sur lequel il étala les documents que lui avait rapportés monsieur Jo, dérobées chez les filles à leur ancien domicile. Il y avait les adresses des parents et des exemplaires d'écriture des deux étudiantes. Robur se piquait d'imiter très correctement n'importe quelle écriture. Il faut dire qu'il avait commencé sa carrière de truand en établissant toutes sortes de faux papiers. Il lui était même arrivé de truquer un testament holographe en y ajoutant un codicille qui changeait la donne, il s'était fait un joli paquet sur cette affaire.

Appliqué comme un collégien, il rédigea deux lettres expliquant aux papas-mamans respectifs que fifille avait trouvé un job à Lisbonne et qu'elle y restait jusqu'à nouvel ordre. Quand il eut fini, il rangea soigneusement les deux lettres dans son coffre-fort. Si les choses se gâtaient, il gagnerait pas mal de temps en récupérant ces lettres, et en s'offrant un petit voyage à Lisbonne pour les y poster.

Après quoi, il prit son téléphone et appela Monsieur Jo.

– Mmmmm…

« Foutu bonhomme ! Comme tous les macs, il se lève à midi. Eh bien je vais te réveiller en fanfare, moi ! » Puis, à haute voix :

– Jo. Pour l'affaire en cours, ça va comme ça. J'ai plus besoin de toi.

– Putain, t'es pas malade de m'appeler à cette heure-ci ?

Il y eut un silence prolongé. Robur entendit grogner à côté du mac. Sûr qu'il ne devait pas être seul au lit. Puis une voix à couper au couteau :

– Tu peux répéter ce que tu as dit ?

– J'ai plus besoin de toi, mec. Les filles vont partir de leur plein gré.

– On me largue pas comme ça, Robur ! C'est que j'en sais des choses, moi… Qu'est-ce que tu proposes ?

– Un dédommagement.

– Combien ?

Robur annonça une somme qui fit s'esclaffer son interlocuteur.

– Tu rigoles ? Et si je te donnais aux flics ? Si je parlais aux filles ?

C'était bien une mentalité de mac, ça, de parler d'en croquer auprès de la maréchaussée.

– Ecoute-moi, Jo. Je te le répète, elles partent de leur plein gré. Ça diminue considérablement les risques. Ceux que tu prends, également ! On ne va tout de même pas compliquer les choses !

– D'accord avec toi. Seulement, un contrat est un contrat. Et celui-là était fort engagé. Qu'est-ce que tu crois ? Qu'on évacue des filles d'un claquement de doigts ? J'ai déjà mobilisé des réseaux, versé des pots-de-vin. J'en suis de ma poche, moi, avec la somme de merde que tu me proposes. J'suis pas un mendiant, moi !

Robur bouillait, persuadé que le mac mentait.

– O.K., Jo. Tu te retires du circuit immédiatement. On se voit dans la foulée, je t'apporte du flouze. On va négocier tranquillement face à face, le téléphone, c'est jamais bon pour ce genre d'affaires. Je passe te voir en début d'après-midi, le temps d'aller à ma banque.

– Je te conseille de vider ton compte ou de la braquer, ta foutue banque, comme au bon vieux temps. Je me contenterai pas de haricots, mon vieux. C'est quoi cette façon de faire des affaires ?

Il raccrocha brutalement. Robur eut envie de balancer son téléphone contre le mur. Il le posa délicatement sur la commode et se dirigea vers son coffre-fort. À côté des lettres qu'il venait d'y déposer, il y avait un Beretta 92, une arme qu'il avait rachetée à un Américain déserteur de son armée. Le type s'était fait zigouiller peu de temps après. L'arme était quasi intraçable. Elle tirait quinze coups avec une extrême précision, de quoi voir venir. Il la prit, la caressa, étala un chiffon sur la table, la démonta et la nettoya soigneusement. Voilà un bail qu'elle n'avait pas servi. Robur n'était pas ce qu'on appelle un tueur. Il n'avait pas de plaisir particulier à brandir un pistolet et à voir l'autre se figer au bout du canon. La dernière fois qu'il avait tiré, c'était sur des boîtes de conserve, dans une forêt, pour se faire la main. Bien sûr, il y avait l'avant-dernière fois. Un braquage qui avait mal tourné. Un gardien de nuit qui pensait que l'argent qu'il devait protéger était son argent. Qui s'était fait tuer pour son patron pourri de fric, vous parlez d'une mort stupide !

Il remonta l'arme, enfonça un chargeur et mit la sécurité. Puis il boucla son holster d'épaule, se campa devant la glace en pied de l'entrée et dégaina à plusieurs reprises. C'était pas la joie. Il ne ferait certainement pas le poids devant n'importe quel flic spécial bien entraîné. Et puis, le cœur n'y était vraiment plus. Mais nécessité fait loi. Il déboucla l'étui, le replaça avec l'arme dans le coffre-fort, en attendant l'après-midi. Le téléphone sonna.

– Allo ?

– Hey !

Ce putain d'accent d'Oxford ! Chaque fois qu'il l'entendait, il avait envie de le lui faire bouffer par le cul.

– Sir Scanlon ! Comment allez-vous ?

– C'est plutôt à vous qu'il faut poser la question. Où en sommes-nous ? Savez-vous que l'inauguration a lieu ce week-end ? Que mes premiers clients sont arrivés ? Je les loge au Palmeraie Golf Palace. Vous imaginez leur impatience à l'idée d'occuper leurs chambres autour du harem ? Ils ont conscience d'être les premiers parmi les premiers au monde à vivre bientôt une expérience qui vaut largement celle de rallier la station spatiale internationale. Nous allons leur offrir des ciels qui leur permettront de voir des rondeurs plus affriolantes que celles de la Terre, je vous le garantis. Alors, mon cher, vous êtes muet ?

Ce foutu bavard ! S'il le laissait en placer une !

– J'ai une bonne nouvelle, sir !

– Well ! Je suis tout ouïe, comme vous dites bizarrement, vous les Français.

– J'accompagne moi-même les filles à Marrakech. Elles y viennent de leur plein gré. Croyez bien que cela a représenté du travail, mais le jeu en valait la chandelle, les risques sont ainsi réduits au minimum.

L'Anglais se tut un moment avant de reprendre :

– Well, Well… Mais qu'avez-vous fait de Mister Jo ?

– Je l'ai désintéressé, ne vous inquiétez pas !

– Hum ! Si, si, je m'inquiète, mon cher. It's no good, non vraiment ce n'est pas bien !

Mais qu'est-ce qu'il voulait, le rosbif !

– Je vous écoute, sir Scanlon.

– Je l'espère bien. Vous auriez dû me prévenir de ces nouvelles dispositions, mon cher. Je n'ai pas l'habitude qu'on me serve ainsi.

Le salaud ! Voilà qu'il le traitait comme son domestique. Robur grimaça dans le téléphone, parodiant l'Anglais. « Je n'ai pas l'habitude qu'on me serve ainsi, oh, oh… »

– Que dites-vous, mister Robur ?

– Rien, sir. Simplement que les événements sont tout frais et que j'avais quasiment le téléphone en main pour vous prévenir lorsque vous m'avez appelé.

– Vous l'avez désintéressé, dites-vous. Mais encore ?

– Je l'ai payé, largement, uniquement pour ne rien faire ! Ça me coûte une…

– Oh, s'il vous plaît, ne parlez pas toujours d'argent, cela m'écorche les oreilles. Mais, puisque vous abordez le sujet, j'avais précisément l'intention de vous envoyer quelque somme à ma convenance. Euh… vous me faites économiser beaucoup plus d'argent que vous ne le pensez. Oui, beaucoup plus…

Robur sentit un frisson désagréable arpenter son échine. Qu'est-ce qu'il voulait dire, ce buveur d'eau tiède ?

– Merci, sir. Vous savez…

– Je sais mon cher. Je vous attends donc.

– Nous serons à Marrakech après-demain, sir. Au revoir, sir !

– Good bye, mon cher. Oh à propos, il serait intéressant que vous ne me parliez plus du tout de ce… de ce Mister Jo. Plus du tout, n'est-ce pas ?

L'Anglais raccrocha. Robur poussa un sifflement : « Si ça n'est pas un permis de tuer, ça ! »

Chapitre VII

Il est des choses que l'on doit faire et que l'on repousse pour de petites raisons, suivies de grandes conséquences. C'est ce qui arriva au commandant Boris Corentin. Il se dit qu'il avait le temps d'aller voir les filles, qu'elles étaient peut-être en cours le matin. En fait, il avait paressé au lit. Il n'y était pas seul. La veille au soir, il avait pris un verre non loin de chez lui, dans un bistro aussi authentique que l'Auvergnat qui servait derrière le bar. Puis il était sorti s'asseoir en terrasse pour profiter de la douceur du soir. Il s'était installé près d'une femme sans avoir songé à la regarder, savourant simplement le velouté de l'air et le bruissement soyeux de la ville, quand une main s'était doucement posée sur son bras.

– Commandant Corentin ?

Il s'était retourné sur elle et aussitôt, son visage avait réveillé quelque souvenir brumeux.

– Nous nous sommes déjà vus, fit-il.

Ce n'était pas une question. Il fouillait en vain sa mémoire prodigieuse, sous le regard amusé de la femme. Elle était d'un blond roux, et toute sa gracieuse personne pétillait comme un champagne à peine versé. Boris nota l'arrondi somptueux de deux seins dont la moitié supérieure savait profiter de la légère brise qui s'était levée. Jambes croisées, la jupe s'était opportunément faite plus courte pour dévoiler une cuisse dorée dont la face latérale était creusée de ce fin sillon qui émouvait toujours Boris.

– Aidez-moi, supplia comiquement Boris. Dites-moi un nom !

– Peut-être que les truands laissent en vous un souvenir plus durable que celui des femmes qui vous croisent ? Si je vous dis : « Maître Dionis », un salaud dont nous nous sommes occupés ensemble…

Boris eut un flash, suivi d'un sourire ému.

– Corinne ! Corinne Saint-Jouin !

Elle rosit, plus émue qu'elle ne voulait le laisser paraître.

– Merci, commandant…

Tout lui revenait maintenant. L'enquête dangereuse auprès d'une secte dont il avait oublié le nom… Un gourou, prétextant classiquement un voyage vers une planète plus accueillante que celles du système solaire, qui préparait le suicide collectif de ses adeptes. Et Corinne, qui, avec un courage exceptionnel, doublé d'un sens de la psychologie qui ne l'était pas moins, avait enlevé des mains d'un enfant éperdu et manipulé la commande à distance d'une charge d'explosifs[1].

– Eh bien, commandant ! Les malfaiteurs vous donnent-ils toujours autant de fil à retordre ?

– Dieu merci, oui ! Il s'agit de mon gagne-pain. Et je ne sais rien faire d'autre.

– Vraiment ? Rien d'autre ? J'ai pourtant des souvenirs de quelques talents multiples…

– Oh, fit Boris, un seul vaut la peine qu'on en parle.

– Lequel ?

– Le talent de savourer la compagnie d'une jolie femme. Mais seule une jolie femme peut en décider.

Elle le regarda, les yeux brillants.

– Il en vaut un autre…

– Lequel ?

– Vous l'avez dit : le talent de décider. C'est ce que je viens de faire.

Boris la contempla, et une envie violente et douce lui vint d'elle, envie de tendresse formidable et de baise formidable.

Il se leva et lui dit en lui tendant la main :

– Venez !

Elle laissa sa main dans la sienne et l'accompagna jusqu'à son immeuble. Dans le hall, ils se jetèrent l'un sur l'autre et s'embrassèrent, corps

1. Voir Brigade Mondaine numéro 300 : *Mortel trafic*.

embrasés mais encore sages dans leur expression. Il l'éloigna de lui pour la contempler.

– Belle !

– Beau !

Ils se reprirent dans un long baiser qui leur rendit le souffle court.

Un peu haletante, les cheveux joliment brouillés devant la figure, ce fut elle cette fois qui le repoussa, troublée.

– Collégien ! se traita Boris.

– Collégienne, fit Corinne en écho.

Quelques minutes plus tard, les vêtements réciproquement arrachés étalés sur la moquette de l'entrée, ils se jetaient sur le lit.

– Viens ! Viens tout de suite !

Il la trouva toute trempée et s'enfonça en elle, puissant, profond, tendre. Elle referma ses jambes chaudes dans ses reins.

– Viens ! Plus loin…

Elle jouit, une première fois, juste un spasme qui la tétanisa. Puis, quand l'explosion se fut évaporée, elle goûta vraiment ce long membre épais qui la traversait. Ils avaient la nuit pour eux, elle se livrait, tout entière, dans un mélange de passion et de légèreté, elle souriait, elle murmurait des mots sans suite, dépourvus de sens, juste le babillage du plaisir qui se diffuse dans toutes les cellules. Boris écoutait cette musique, il lui était devenu soudain facile de retenir sa propre jouissance, de différer le moment, qu'il laissa pourtant arriver plusieurs fois, ils avaient toute la nuit, et ils ne se privèrent pas de l'utiliser. Au petit matin, alors que Boris était encore écrasé dans un sommeil de brute, une odeur de café vint le réveiller. Elle apparut, enveloppée dans une robe de chambre trop grande pour elle, déposa un plateau sur le lit. Boris glissa ses mains sous le vêtement et empauma doucement les seins, un instant. Comme un hommage ou une prière à la déesse.

Quand ils eurent fini, elle posa un doigt sur ses lèvres.

– Chut ! Je sais. Tu dois te préparer. Ton travail. Ta vie. Je vais prendre une douche. Personne n'est plus rapide que moi.

Boris resta sous les draps. Quand elle revint dans la chambre, elle était habillée, prête à sortir. Elle s'assit sur le bord du lit, glissa une main sous les draps et empauma la verge de Boris. Elle sourit.

– Eh bien, commandant !

Ils se regardèrent gravement. Elle se mit rapidement debout.

– Tu tires la porte sur toi c'est tout, fit Boris.

Elle esquissa un geste d'adieu. Il lui dit :

– Corinne ! Si tu me laissais ta carte ?

– Pourquoi ? Je sais où te trouver.

Elle eut une dernière espièglerie, les yeux trop brillants, puis s'en fut.

Boris mit une heure à se tirer des draps. Il se

leva, comme groggy, dans une sorte de vape sentimentale. Il vint devant son miroir, se regarda.

– Merde ! Et merde encore !

Il prit une douche si froide qu'elle le fit grincer des dents, dents qu'il brossa avec une énergie parfaitement inutile, se vit à nouveau dans le miroir.

« Allez, homme, au boulot ! Le travail, c'est la santé. La santé mentale en tout cas. »

Quand il arriva dans la cour d'immeuble où logeaient les filles, il dut bien se rendre à l'évidence : les oiseaux s'étaient envolés du nid. Par la fenêtre, il constatait les pièces vides et les quelques traces que laisse toujours un déménagement hâtif.

« Pas de doute, elles se sont fait la malle, c'est le cas de le dire. Sans laisser d'adresse ? »

Il aller frapper à la loge de la gardienne, qui lui ouvrit en grommelant.

– Les jeunes filles de la cour… Où sont-elles parties ?

Elle le regarda sans aménité.

– Peut-être que je vous le dirai si vous me donnez leurs noms et prénoms.

– Et puis quoi encore ? La date où elles ont perdu leur pucelage ? En tout cas, voici mon nom, regardez ! Il est universel ! « Police », tel est mon nom. En général, j'obtiens des réponses à mes questions.

– Avec un nom pareil, vous n'avez aucun mérite !

Elle n'était pas dépourvue de sens de la repartie.

– Je vais vous dire : elles sont parties sans laisser d'adresse, c'est comme ça !

– Comment ça ? Et le courrier ?

– Le courrier ? Jeune homme, vous retardez ! Qui écrit à notre époque, avec le portable, les SMS et l'email ? J'ai entendu dire que la Poste était quasi en faillite à cause de la chute du courrier personnel sur papier. À part les factures, vous savez ! Elles ont peut-être fait suivre, non ? C'est ce que je ferais, moi… Notez qu'avec les intellectuelles, hein ! Ça raisonne tout là-haut et ça se casse la figure sur la moindre peau de banane. La vie quotidienne, c'est pas leur tasse de thé !

Boris commençait à être saoulé par le bavardage de la cerbère.

– Donnez-moi simplement leurs noms et prénoms.

– Entrez donc, le temps que je trouve un bout de papelard.

Elle s'assit lourdement tandis que Boris saluait un vieil homme cassé en deux sur une chaise, les mains tremblantes.

– Faites pas attention. Ah c'est pas une sinécure de vieillir, hein ? Oh, le père, c'est un commandant que nous avons là !

On entendit une voix chevroter :

– Quel corps ?

– Pas l'armée. La police, monsieur.

– Oh ben alors !

Le vieillard se désintéressa aussitôt de lui. Boris empocha le bout de papier et s'en fut sur les protestations de la gardienne qui tenait absolument à lui servir une bouteille « de derrière les fagots ». Il n'eut qu'à dire « elle vient d'où cette bouteille ? » pour entendre la porte claquer et la charmante concierge le maudire.

Dans la rue, il ne se trouva pas plus avancé qu'au départ. Toute cette affaire était si fragile, tellement… en pointillés, qu'il ne savait comment la prendre et la poursuivre. D'instinct, il savait qu'une enquête auprès des familles des deux jeunes étudiantes ne donnerait rien. Elles étaient blanc-bleu, forcément, et s'il y avait anguille sous roche, c'était à leur insu. Mais elles couraient peut-être un danger… Plutôt que de prévenir la parentèle, mais de quoi au juste, il conclut qu'il fallait prendre le taureau par les cornes et aller frapper sans vergogne à la porte de Monsieur Jo. Cela faisait assez longtemps qu'il narguait toute la brigade, celui-là. S'il constatait que la police le serrait de près jusqu'à l'interroger, il se tiendrait forcément tranquille.

Corentin s'achemina donc vers la rue des Moines après avoir prévenu ses deux collègues de sa démarche. Règle d'or. Toujours dire à quelqu'un où on allait, tant le métier était… imprévisible.

Dans l'immeuble qu'habitait Monsieur Jo, un homme grimpait l'escalier. Il avait négligé l'ascenseur malgré l'étage élevé où résidait le mac. Les ascenseurs, c'était toujours des pièges à con, et pour ce qu'il venait faire ici, il valait mieux se garantir.

Robur sortit son Beretta et le contempla pensivement. C'était une connerie de signer un meurtre. Mieux valait considérer l'arme comme un pis-aller, au cas où les choses tourneraient mal pour lui. Ce qu'il fallait faire, c'était persuader Monsieur Jo de se suicider. Il ne serait sans doute pas d'accord, alors il allait juste changer une lettre à ses projets : non pas se suicider, mais *le* suicider. Pourquoi ne pas le balancer par la fenêtre ? Robur se sentait de taille à dominer le petit homme, à peine une demi-portion.

Il remit l'automatique dans son holster, arrangea les pans de sa veste et reprit son souffle sur le palier du sixième avant de frapper deux fois trois coups brefs.

La porte s'entrouvrit, une chaîne était mise.

– Eh, Monsieur Jo ! C'est moi, bon sang !

– Gaffe !

Monsieur Jo parut s'interrompre en le regardant de haut en bas par l'interstice et referma brutalement la porte.

Robur devint pâle. Ça se voyait donc tant que ça qu'il venait ici pour le liquider ? Nom de Dieu, pourquoi… Puis il comprit. Il était censé venir lui apporter un matelas de billets. Et comme un con, il ne s'était pas muni d'une mallette pour faire illusion. Il avait les mains vides. L'autre avait vu. Putain de fine mouche ! Il fallait réagir immédiatement. Il se recula au fond du couloir, et fonça. Le battant le renvoya dans le couloir mais il avait craqué, s'était fendu. Il recommença. La porte gémit comme une âme perdue devant le diable mais tint bon. Monsieur Jo avait eu le temps de refermer un verrou. Qu'est-ce qu'il pouvait bien foutre pendant que Robur s'escrimait ? Aurait-il une arme au poing ? Il sortit son Beretta et tira un coup au niveau du verrou, qui explosa dans un déchiquètement de petit bois. Robur donna un dernier coup d'épaule et la porte sauta. Il se jeta dans l'appartement, arme brandie devant lui à deux mains, balayant l'espace, les nerfs tendus… l'entrée, le salon, merde, où était passé le fumier ? La salle de bains, un coup d'œil dans les toilettes, la chambre. Personne ! C'était impossible. Puis une balle vint déchirer son costume à la hauteur de l'épaule. Il s'accroupit en se retournant. La fenêtre, qu'il avait cru fermée, était ouverte. Une partie du corps du maquereau était visible, comme une illusion hémiplégique : une jambe, un bout de hanche, un bras tendu armé d'un Glock – pourquoi notait-il ce détail inutile ? – et enfin un morceau de visage, bouche tordue d'un rictus, œil à la fois mauvais et paniqué. La question qui s'imposa immédiatement à l'esprit de Robur : pourquoi cet imbécile s'était-il réfugié en équilibre sur une corniche extérieure, au risque de s'écraser dans la cour ? Pourquoi ne l'avait-il pas tranquillement attendu planqué quelque part dans l'appartement ? Il sentait qu'il devait répondre très vite à la question. Lui revint alors l'étrange mot d'accueil qu'avait eu Jo. Qu'est-ce qu'il lui avait dit ? « Gaffe !» À quoi rimait cette embrouille ?

Quand il regarda par la fenêtre, l'hémiplégique avait disparu. Comme Robur s'avançait avec précaution vers les battants ouverts sur le ciel, il vit un pied dépasser de sous le lit. Il se jeta dessus et tira de toutes ses forces, tremblant de rage et de stress. Il sortit de sous le lit une fille dans le plus simple appareil. Une fille en transes. Elle avait les yeux exorbités, le corps contracté par la peur. Et Robur doutait qu'elle fût majeure. Il la releva, recula son bras, ferma le poing et lui en envoya un coup très sec à la base du menton. La fille s'écroula sur le matelas, pantin désarticulé. Il n'avait pas le temps de s'occuper d'elle. Et il ne voyait pas non plus de lien entre elle et le fait que Monsieur Jo jouait les alpinistes. Il se pencha prudemment par la fenêtre. Il entraperçut le fuyard, au bout de la corniche. Une balle fit sauter un éclat de ciment sous son nez, écorchant sa joue. Du sang poissa aussitôt. Il eut le temps de se dire qu'ils faisaient beaucoup de bruit depuis quelques minutes. Il devait bien se trouver dans l'immeuble quelque retraité qui s'ennuyait ferme et devait être maintenant suspendu à son téléphone. Ils étaient tout simplement en train de jouer le remake parisien de *Règlements de compte à OK.Corral.* Ça suffisait comme ça. Comme il se penchait à nouveau, il entendit l'arme de Jo s'enrayer. Alors il visa soigneusement. L'autre lui hurla :

– T'es dingue ! Y a un flic dans l'immeuble !

C'était donc ça : un flic était venu s'annoncer, avait dû appeler l'appartement de Jo depuis le rez-de-chaussée pendant que lui, Robur, montait tranquillement l'escalier en réfléchissant à la manière dont il allait s'y prendre… Eh bien maintenant il savait comment. Il n'y avait pas trente-six solutions. Il aligna posément le cran de mire sur le sommet du guidon. Monsieur Jo le regardait, soudain complètement résigné. Il se lâcha et commença de basculer dans le vide. Robur pressa la queue de détente, un peu tard. Au lieu de le frapper en pleine poitrine, la balle lui démolit l'épaule. Le choc le fit pirouetter en un mouvement grotesque, de sorte qu'il tomba en arrière, les jambes en l'air pendant un instant, avant de commencer à tournoyer gracieusement. C'était à coup sûr son dernier spectacle. Fasciné, Robur observait la chute, se préparant au bruit mou que ferait le corps en arrivant à destination. Il vit un homme, dans la cour, qui levait la tête, et qui lui aussi regardait la chute. Il avait une arme au poing. C'était Corentin, qui avait réussi à se faire ouvrir la porte sur rue et qui, faute de pouvoir franchir le second sas vers les escaliers et l'ascenseur, était passé dans la cour où avaient résonné, amplifiés, les derniers coups de feu. Robur ne se rendit pas tout de suite compte que son bras pendait encore dehors, avec au bout le Beretta brûlant. Quel con il était ! Il lui offrait une situation parfaite de légitime défense. Dont acte quand une balle vint frapper l'arête de l'appui de fenêtre. Robur poussa un affreux juron. D'abord, un second éclat de ciment venait de lui déchirer l'autre joue, le hasard manifestait encore par là son goût de la symétrie ; deuxièmement, ce flic était loin d'être un manchot ; troisièmement, c'était peut-être le pire pour lui, il manifestait un sang-froid et une puissance d'action hors du commun. Un type capable de vous tirer dessus et de viser si bien pendant qu'un autre type est en train de vous tomber dessus depuis un sixième étage, il avait beau réfléchir, il n'avait jamais vu ça.

Il se rejeta précipitamment en arrière et s'accorda trois secondes de répit. La gamine étendue sur le lit reprenait ses esprits. Elle se redressa, inconsciente de sa nudité, de ses jeunes seins fermes et ronds, et se mit à hurler. Un second coup de poing la renvoya d'où elle venait.

– Ah non, j'ai besoin de réfléchir !

La voie par la cour était fermée. Restait l'étage supérieur des chambres de bonne et la fuite sur les toits côté rue. Il franchit la porte brisée, monta quatre à quatre, déboucha dans l'étroit couloir, arme au poing, cogna du canon dans le visage d'un type qui venait de pointer son nez sur le seuil de son antre, ouvrit la fenêtre du fond de couloir et se dit que c'était faisable. Il était sur le côté de l'immeuble, une avancée du toit le protégeait de tout regard venant de la cour. Il y avait certes un saut à faire avant de parvenir sur le toit en léger contrebas de l'immeuble voisin. Il remit son Beretta dans son étui pour avoir les mains libres et s'élança. Dans le lointain, du côté de l'avenue de Clichy sans doute, il entendit des sirènes se rapprocher. Évidemment, le flic avait ameuté la garde. Ils étaient rapides ces salauds.

Il se reçut parfaitement, ployant les genoux avant de se redresser. Il se repéra. D'où il était, il avait une vue imprenable sur la gare des Batignolles et les travaux qui s'y faisaient, mais il n'avait vraiment pas de temps à leur consacrer.

Il courut le long de l'arête inférieure du toit sans se soucier d'être repéré des gens de la rue et vit sa progression stoppée net. Il comprit qu'il se trouvait à l'angle de deux rues, certainement celui que faisait la rue des Moines avec la rue Nollet. Une seule solution : il brisa une tabatière et se laissa tomber dans un couloir. Chambres de bonnes là aussi. Il trouva l'escalier, le dévala jusqu'au rez-de-chaussée, bouscula la gardienne qui se retrouva les quatre fers en l'air et sortit à l'air libre. Il s'employa à maîtriser son pas malgré l'envie qu'il avait de se hâter. Il entendait des sirènes un peu partout, des gémissements de pneus martyrisés par les coups de frein… On bouclait le quartier, déjà. Il vit une voiture de police venir de la rue Cardinet et s'engager rue Nollet à grands renforts de sirène car elle la prenait à contresens. Il tourna à gauche rue Brochant juste avant que les flics ne se mettent en travers, au carrefour.

Il essaya de se détendre, s'imaginant que les pandores jaillis de la voiture fixaient son dos, qu'un ordre allait jaillir… Il n'y eut rien de cela. Il se retrouva trente secondes plus tard sur la place Charles-Fillion, entra dans le square des Batignolles et s'assit sur un banc devant la pièce d'eau. Et maintenant ? Il fallait tout simplement éviter de prendre un taxi, et marcher, jusqu'à la prochaine station, prendre le métro comme tout bon citoyen affairé. Seulement, autant qu'il se souvenait, faisant revenir dans sa tête la cartographie d'un Paris qu'il connaissait mieux que le plus vieux des chauffeurs de taxi, les stations étaient toutes à perpette. Il y avait comme cela, dans Paris, des coins isolés de tout métro… Voyons, il y avait bien Brochant, mais c'était à exclure, ça le ramenait au cœur de la fournaise policière. Il y avait Rome, mais il fallait longer les voies encaissées du chemin de fer pendant un moment, jusqu'au boulevard des Batignolles. Au fait, à quoi ressemblait-il ? Il n'avait pas encore songé à s'examiner, dans sa fuite précipitée. Ce qu'il constata lui ficha le moral à zéro. Sa chemise était tachée de sang, ses pommettes déchirées suintaient encore, une large déchirure fendait le côté de son pantalon. N'en jetez plus ! Il regarda autour de lui. Personne. Il descendit au bord de l'eau et se lava rapidement. Puis il chercha une poubelle. On y trouvait souvent quelque Kleenex à peine utilisé. Il en trouva un, blanc, qu'il regarda pourtant avec répugnance. « Eh merde ! Si c'est un nid à virus, je suis bon pour un coup de fièvre. Dans le meilleur des cas ! » Il haussa les épaules, le prit et tamponna ses coupures à plusieurs reprises. Il ricana. « Entrez, petites bêtes, régalez-vous, c'est du super-choix, du costaud comme on n'en fait plus. » Il essaya de se servir du plan d'eau comme d'un miroir. Il ne voyait pas grand-chose.

Il sortit du square. Un instinct lui dit d'éviter le métro Rome. Il décida de tourner à droite dans la rue Legendre. Bonne vieille rue sympathique qui fleurait parfois la province, et qui avait l'avantage d'avoir un sens de circulation nord-sud. Comme l'action se situait derrière lui, il y avait moins de risque de croiser une voiture de police. Il savait qu'il rejoindrait l'avenue de Villiers, quartier calme et chic, et son métro Villiers.

Au premier miroir de boutique qu'il rencontra, il s'examina soigneusement. Ce n'était pas brillant, mais il fallait faire avec. Il s'épousseta et continua. Il ne se détendit qu'une fois dans le métro, assis dans son coin, le torse incliné vers ses genoux, faisant semblant de sommeiller. À Charles-de-Gaulle-Étoile, il prendrait la ligne 6 et en descendrait à Raspail. Il serait alors à trois minutes de chez lui.

Pendant que Robur s'enfuyait, avant d'échapper aux recherches, Corentin, dans la cour, après avoir tiré un coup de feu inutile, attendait la chute du corps. Il savait déjà qui tombait. Monsieur Jo. Quand on a besoin de quelqu'un, il vous fait défaut le fumier. Ça arrivait tout le temps dans ce métier. Et le temps passait, s'étirait indéfiniment… quand est-ce qu'il arriverait à destination l'autre, qui s'envoyait en l'air et s'y trouvait peut-être bien. Quatrième étage… troisième étage… jusque-là tout va bien ! Il voulut fermer les yeux. Impossible. Il vit le corps se désarticuler devant lui. Pas tant que ça. Le bonhomme était petit, léger. Il s'approcha. Il mit sa main sous les cheveux poisseux, se pencha.

– Monsieur Jo ! Eh Jo ! Ne pars pas comme ça. Soulage-toi !

Les lèvres de Monsieur Jo s'agitaient. Une mousse rosâtre les fardait coquettement.

– Eh Jo ! Tu pars en beauté. Raconte. Jo ! Allons ! Les filles, c'est qui c'est quoi ?

Corentin colla son oreille contre les mots qui semblaient éclater en bulles de sang.

– Robur… Marrakech… Le… Le Soliman…

Il ouvrit un instant les yeux, avant de basculer dans l'ombre souveraine. Classique chez les truands. La dernière vision qu'ils emportent de leur vivant, c'est souvent une tête de flic. La destinée est vraiment injuste.

Comme il se relevait, Boris sentit deux mains s'appesantir différemment sur ses épaules. L'une appartenait à Aimé, l'autre à Géraldine : l'équipe de choc de la Brigade au grand complet devant le cadavre d'un homme qui les avait fait tourner en bourrique. On annonça l'arrivée du légiste et ils décidèrent de l'attendre, bien que la cause de la mort n'eût pas échappé à un enfant.

Le docteur Flutiaux était comme d'habitude tiré à quatre épingles et à nœud papillon, pois verts sur un fond rose pâle, pochette assortie. Il s'approcha du corps en hochant la tête.

– Je me sens parfois bien inutile. Mais enfin, faisons notre devoir.

Il releva la tête, nota la fenêtre ouverte au sixième étage, par laquelle se penchait une tête de flic qui étudiait quelque chose sur l'appui.

– Tsss, tsss. Dites-moi si je me trompe, mais j'ai le sentiment que la mort est survenue consécutivement à une chute de 18 mètres sur un sol bétonné. Du fait de votre présence sur les lieux, j'en conclus que vous étiez sur l'affaire bien avant les événements. De cette conclusion première découle une conclusion seconde en forme d'alternative : soit il a sauté pour vous échapper, soit quelqu'un l'a poussé. Ce quelqu'un est-il encore là-haut ?

– Nous n'avons trouvé qu'une gamine assez délurée qui refuse de dire son nom. À mon avis, rien à voir avec l'affaire.

– Je vois une épaule percée… blessure par balle…Est-ce votre œuvre, commandant ?

– Non. Nous le cherchons. Mais à l'heure qu'il est, il nous aura échappé. Nous en sommes aux indices relevés dans l'appartement. Dites-moi, docteur Flutiaux, si je vous dis : « Robur, Marrakech, le Soliman », vous me répondez quoi ?

Flutiaux se caressa le menton et redressa son nœud papillon.

– « Robur », c'est Jules Verne ; « Marrakech » pas de commentaire, mais si vous voulez, je peux vous faire un développement sur la situation politique nouvelle induite au Maroc par les élections, la libéralisation lente du pays, le comportement plutôt ouvert de Mohammed VI, surtout si on le compare avec ses homologues de Libye ou du…

– Docteur !

– Ah oui, comment vous dites ? Le « Soliman »? Ma foi, que vient faire cette turquerie dans le paquet ? Un salmigondis, si vous voulez mon avis.

– Vous ne nous êtes pas d'une très grande utilité, docteur, remarqua Géraldine, acide.

– Mon cher lieutenant, chacun ses compétences. Je fais avouer beaucoup de choses à un cadavre. Mais quant à le faire parler ! À propos, savez-vous comment on appelle le roi du Maroc ? M6. Mais oui…

– Si vous enchaîniez, docteur, fit Brichot impassible.

– Si « j'enchaînais »… oh qu'il est drôle !

Flutiaux s'étouffa et se pencha sur sa trousse tandis que les trois policiers s'éloignaient. Il n'y avait rien d'autre à faire que d'attendre les résultats de la fouille de l'appartement. Ils remontèrent au sixième. Un sergent avait empilé dans un carton tous les documents susceptibles d'intéresser la brigade. Quant à la fille, rhabillée, assise dans un fauteuil, elle ne bougeait pas, sonnée, enfant perdue, tandis qu'une policière infirmière soignait ses hématomes sur le menton.

Les trois policiers n'avaient plus rien à faire ici. Il y avait désormais un boulot à faire au bureau. Brichot mit le carton sous le bras et ils quittèrent les lieux.

Ils ne s'étaient pas rendu compte du temps qu'ils avaient passé rue des Moines. Lorsqu'ils arrivèrent dans leur royaume, ils étaient tous trois harassés.

– Allons boire un verre, fit Géraldine.

Corentin hocha la tête. C'était une bonne idée, mais… il s'était déjà laissé surprendre par le temps, en ne se rendant qu'en début d'après-midi chez les filles, devenues, tiens, les filles de l'air, ça leur allait comme un gant. Il décida de couper la poire en deux. Ils allaient boire, mais il prendrait le carton sous le bras pour en étudier le contenu ce soir, chez lui.

Devant son demi, Brichot, dont les moustaches avaient accroché un peu de mousse, remarqua, songeur :

– Robur, c'est le nom du truand qui nous a filé entre les doigts cet après-midi, c'est certain, même si la maman du gars avait un peu trop d'ambition pour son rejeton…

– Ce peut être un surnom, Mémé, l'interrompit Boris. Dans le milieu, ça se pratique beaucoup.

– Tu as raison. Il n'en reste pas moins, surnom ou pas, que cette appellation le désigne, lui et personne d'autre, d'accord ?

– Accordé, Mémé, fit Géraldine.

– Passons à Marrakech. Une destination exotique à la mode. À peine exotique d'ailleurs, depuis que n'importe quel crétin du cinéma, du show-biz ou du monde politique y a fait l'emplette de son riad[1]. On peut supposer que ces deux étudiantes doivent être envoyées à Marrakech. Peut-être pour y satisfaire les désirs de quelques princes ou p.-d. g.

1. Riad : maison traditionnelle des médinas marocaines. Riad signifiant « jardin », le mot désigne précisément une maison munie d'un jardin clos. Certains riads sont de véritables palais.

de multinationales.

– Mazette, comme tu y vas, Mémé ! Et le font-elles de leur plein gré, mon cher enquêteur préféré ?

– J'espère bien que non, Boris. Si c'était le cas, nous n'aurions aucune légitimité pour intervenir, elles sont majeures.

– À moins qu'elles ne versent tout ou partie de leurs gains éventuels à un homme… à ce Robur par exemple. Là, la légitimité revient au galop, elle *nous* revient, Mémé !

– Yes. I think…

– Mémé, au lieu de nous bassiner avec la langue d'Outre-Channel, si tu nous commentais le troisième terme, oh toi le plus brillant des détectives !

Brichot tritura le bout de ses moustaches.

– Ce terme me demeure obscur. Le « Soliman ». Je ne vois pas ce que ce Turc fameux vient faire ici et je ne vais pas vous infliger un cours d'histoire à la Flutiaux. Cela dit, ma femme, mes filles et mon fils m'attendent. À demain !

Il vida son verre et s'éloigna, bientôt imité par Géraldine.

– Salut grand chef ! Et n'y passe pas toute la nuit. Tu me parais avoir la mine un peu tirée. Qu'as-tu fait cette nuit ?

– Si je te le disais, Petit Bonhomme, tu ne me croirais pas.

– Oh, je te crois capable de tout, Boris. Même

d'éveiller ma jalousie, tu te rends compte !

Elle rosit, se détourna et s'enfuit, laissant Boris interloqué. Mais la sortie de Géraldine lui avait remis en mémoire les moments passés avec Corinne Saint-Jouin. Il eut un pincement au cœur. Que faisait-elle ce soir ?

Il décida de rentrer à pied chez lui, lentement, par les quais. Pour se détendre. Non sans jeter un regard inquisiteur sur la terrasse de café où Corinne l'avait retrouvé hier soir.

Une fois chez lui, il prit une douche, resta nu, éprouvant le bonheur simple de marcher en toute liberté, dénicha deux tranches de saumon qu'il arrosa de jus de citron, coupa en morceaux deux pêches, l'une blanche, l'autre jaune, dont il fit une salade qu'il mit à rafraîchir au réfrigérateur.

Vers 22 heures, il s'installa à son bureau et ouvrit le carton. Il éplucha attentivement les papiers du mort, mais le résultat était maigre. Des carnets de comptes codés, qui devaient certainement raconter les performances financières de ses gagneuses, un carnet d'adresses en partie codé lui aussi. On verrait ça plus tard, ce genre de cryptographie ne prenait en général guère de temps pour être brisé. L'imagination des truands était courte, et la puissance d'une batterie d'ordinateurs en parallèle impressionnante.

L'un des derniers papiers qu'il trouva l'intéressa

davantage. C'étaient des notes que Monsieur Jo avait prises récemment, qu'il n'avait pas eu le temps de coder, d'où il ressortait qu'un certain R. (Robur ?) l'avait chargé de suivre les deux étudiantes et de se documenter sur elles.

Il relut les pattes de mouche de Monsieur Jo les sourcils froncés. Ce n'était pas tant la nomenclature des faits qui lui importait que les quelques rares commentaires dont Jo avait cru bon de les assortir. Par exemple, devant la mention d'un certain Michel Ranier, dont il comprit qu'il était sans doute l'un des copains de fac des deux filles, Jo avait brièvement mentionné : « Relations amicales étroites. Risque de s'inquiéter. »

C'était Corentin qui soudain s'inquiétait. Il renversa la tête en arrière, ferma les yeux, les rouvrit, poussa un juron, et se précipita sur le téléphone.

Il eut le planton du Quai des Orfèvres au bout du fil et demanda à parler au sergent de garde à la Brigade.

– Oui ?

– Corentin à l'appareil.

– Mes respects, commandant.

– Didier, débrouillez-vous pour obtenir les listes de passagers de tous les vols Orly à destination de Marrakech, ce soir, cette nuit, demain… Vous connaissez la procédure. Si vous repérez les noms de Gisèle Féraud et de Laure Romani, prévenez-moi immédiatement. De toute façon, retenez le vol en question jusqu'à l'intervention de la police de l'aéroport. Compris ?

– C'est clair, commandant. Bonne nuit.

Efficace, le bonhomme. Pas de bavardage inutile… Boris fit un tour d'horizon mental, estima avoir fait tout ce qu'il était possible de faire à 23 heures une nuit de pleine lune et se coucha. Il eut de mauvais rêves, d'abord celui de deux jeunes filles qui criaient d'un endroit bizarre, baroque, inidentifiable, ensuite celui d'un jeune garçon qui souriait en tenant dans ses mains une grenade dégoupillée qu'il s'apprêtait à lâcher tandis que des dizaines de personnes autour de lui hurlaient en lui disant de la garder, « garde-la », « garde-la », mais tous ces cris étaient en fait parfaitement inaudibles, on ne voyait que cent bouches s'ouvrir sur une horreur silencieuse. Le gamin, croyant à un jeu, souriait et laissait la grenade tomber à ses pieds. Boris se réveilla brutalement, en sueur, rendant grâce aux dieux du sommeil et du rêve d'avoir interrompu son cauchemar au bon moment, déchiffra l'heure sur son réveil : cinq heures du matin. L'heure des cauchemars. Il se laissa tomber sur le lit mais ne put se rendormir. Il sentait quelque chose lui échapper.

Chapitre VIII

Il faut croire à quelque prémonition dans ce rêve. Car, du côté du mal, pour parler comme Manichée, les choses avaient avancé. Vers le sud. Au moment où le commandant Boris Corentin se dressait en sursaut et transpirant sur sa couche, Robur secouait les deux filles pour les réveiller.

– Debout ! On doit être à l'aéroport à six heures et demie !

La différence de tempérament entre les deux filles ne se fit pas attendre. Tandis que la brune Gisèle était instantanément debout, fraîche comme une rose et active comme un cabri, Laure la blonde grogna trois mots indistincts, se retourna et se rendormit.

– Elle est toujours comme ça, ta copine ? Réveille-la, et s'il le faut, jette-la hors du lit.

– T'inquiète pas, mais dis donc ça va être short pour le petit déjeuner.

– Le petit déjeuner, on le prendra à l'aéroport, à

cette heure matinale il est trop tôt pour que j'aie faim.

– Toi peut-être mais moi il me faut mon café.

Robur eut envie de lever la main sur elle mais se retint.

– Alors grouille-toi, tu auras le temps d'en prendre un avant de quitter l'hôtel.

L'hôtel ! Pour comprendre, il faut revenir à la veille, lorsque Robur était rentré chez lui boulevard Montparnasse, harassé après son périple sur les toits et dans les rues de Paris. Il s'était soigné, douché et retapé avec un double whisky. Il avait compris que les choses se gâtaient en France, et qu'il était temps de livrer la marchandise à sir Scanlon, qui ne pourrait que s'en réjouir. Il ne lui parlerait certainement pas de ses derniers déboires. Certes, il sentait bien que le plus raisonnable eût été de lâcher toute l'affaire et de profiter tranquillement des deux filles qu'il sentait plutôt à sa botte. Seulement voilà, avec cette solution de père tranquille, si l'on peut dire, pas un sou ne rentrait dans la caisse. Il suffisait de faire un petit calcul : en louant en bonne et due forme ses deux chambres de bonne, il aurait engrangé un petit millier et demi d'euros chaque mois. Au lieu de quoi, il les sautait, d'accord, mais cela faisait cher la passe. Et ses dettes de jeu, personne ne les paierait à sa place. L'un de ses créanciers commençait même à se faire menaçant.

Dès qu'il eut pris la décision de partir, les choses allèrent vite. Il était assez au fait des méthodes de la police pour savoir qu'elle avait dû avancer dans son enquête, et qu'elle avancerait plus encore cet après-midi. D'ici demain sans doute, les aéroports seraient contrôlés. Il fallait rallier Marrakech, mais certainement pas depuis l'aéroport d'Orly.

Il commanda trois billets TGV aller simple pour Bordeaux, et retint trois places dans le vol Bordeaux-Marrakech du lendemain matin. Quand les filles arrivèrent, il leur annonça la nouvelle. Contrairement à ses craintes, elles furent plutôt enthousiastes que les choses s'accélèrent. Elles eurent tôt fait de préparer leur valise, et tous trois se retrouvèrent sur un quai de la gare Montparnasse. Robur était sur ses gardes mais relativement confiant. La police n'était pas extralucide et tout ce qu'il vit sur place, ce furent des hommes en armes du dispositif Vigipirate.

Le soir à Bordeaux, il les conduisit au Régent. Il y avait réservé deux chambres, dont l'une pour les filles. Elles ouvraient de grands yeux, et il comprit que, jeunes comme elles étaient, et issues de familles modestes, elles étaient faciles à impressionner. Tant mieux, il fallait les mettre en confiance. Ça lui coûtait un max, ce voyage de dernière minute. Plein tarif TGV, plein tarif pour le vol Bordeaux-Marrakech qui n'était pas donné, et ces deux chambres dans le plus bel hôtel de luxe de la ville d'Alain Juppé... il puisait largement dans le matelas de billets qu'il avait reçu pour ses frais, mais il s'en fichait. Là-bas il toucherait le pactole, reviendrait rembourser ses dettes à Paris et pourrait continuer à flamber à Longchamp.

Et puis il n'était pas mécontent de jouer les papa-gâteau, si l'on peut dire, prenant un plaisir enfantin à voir se succéder les expressions de stupéfaction et d'enthousiasme sur le visage des deux filles. On a beau être truand, et de la pire espèce, on n'en est pas moins homme, avec toutes les faiblesses qui font partie du lot.

Quand il les amena au bar du Régent, tandis qu'un groom s'occupait de leurs bagages, les deux filles se récrièrent d'admiration. Il est vrai que ce bar faisait, même au milieu de tous ses concurrents français, une sacrée impression. Harmonie des couleurs, lumières parfaitement tamisées, et surtout utilisation parfaite d'un grand espace carré, très haut de plafond. Ils se réfugièrent dans un angle confortable où on leur servit salade, foie gras, saumon et champagne.

Comme ils dégustaient lentement, malgré l'heure tardive, Robur sentit peser sur lui le regard aigu de Gisèle.

– Oui ? fit-il entre deux bouchées.

– Dis donc, c'est quoi, déjà, ton métier ?

– Import-export.

– Tiens tiens ! Le type dit toujours ça dans les

romans policiers, lorsqu'il n'est pas clair.

Il la scruta, tâchant de deviner son état d'esprit. La garce de fine mouche ! Il fallait qu'il fasse attention.

– Écoute ! Je profite de mon argent et je vous en fais profiter. Y a pas de lézard.

– N'empêche, insistait Gisèle. C'est drôle.

– Qu'est-ce qui est drôle ?

– T'as de l'argent, d'accord, mais ton appartement n'est pas à la hauteur.

– Comment ça ?

– Je t'aurais plutôt vu dans quelque chose de beaucoup plus grand et luxueux. Avec un décorateur pour t'éviter les fautes de goût.

Le visage de Robur devint dur comme pierre. Ils étaient tous comme ça, les jeunes d'aujourd'hui ? Ils vous assenaient leurs opinions et leurs avis sans aucun ménagement ? La fameuse spontanéité qui remplace une séculaire éducation de la retenue ? Robur fit un gros effort sur lui-même. Il regardait les noctambules qui venaient finir ici leur soirée bordelaise. Ils ne parlaient pas, ils chuchotaient. Il eut envie de casser du bourgeois, une violence de classe qu'il avait toujours éprouvée. Ce que la fille était en train de lui dire, c'était que plouc il était, plouc il resterait. D'ailleurs, elle poursuivait, avec une parfaite inconscience :

– Fais pas cette tête, Robur ! Je plaisantais. Tu sais, le goût, c'est bien mystérieux. T'as des types très cultivés, tiens, notre copain Alexandre, un puits de sciences, eh bien ils ont un goût à chier. Je crois bien que c'est inné.

– Et toi, tu l'as, naturellement ?

Elle posa sa main sur son bras.

– À notre retour, nous verrons cela. Si tu dois nous baiser dans ton salon, j'aimerais bien…

– Écoute, fit Laure qui n'avait pas encore prononcé un mot, tu vas nous lâcher, avec tes fantasmes de décoratrice ? Tu peux pas goûter le moment présent, non ? C'est ton gros défaut ça, tiens. Tu penses toujours à toi. Moi je ferais ci, moi je ferais ça, moi je, moi je, regardez, je suis brillante…

Elle suffoqua après avoir reçu le champagne que Gisèle lui avait jeté à la figure.

– Salope !

Et Laure voulut se lever pour en découdre.

– Ça suffit !

Robur, un moment déstabilisé, comme ça lui arrivait à cause de ses foutus complexes chaque fois qu'il était en présence de la gent intellectuelle, reprenait les choses en main. Sa voix méchante fit sur les deux filles l'effet d'une douche froide. Robur enfonça le clou.

– Quand on se comporte dans ces lieux comme vous venez de le faire, il est malvenu de parler de goût.

Il fallut un moment pour que la bonne humeur revienne, mais il n'est de dispute dont la bonne chère dans un lieu prestigieux ne puisse venir à bout. À la fin de leur collation, le champagne aidant (ils avaient commandé et vidé une deuxième bouteille), les filles étaient tout émoustillées. Ce fut Laure qui, posant sa main sur celle de Robur, le regarda, les yeux étincelants.

– On monte ?

Ils regagnèrent leurs chambre respectives et Robur, au moment de les laisser, dit avec un clin d'œil :

– Les filles, fermez bien votre porte à clé, il se pourrait que vous ayez la visite du grand méchant loup.

– On est de taille à l'apprivoiser, fit Gisèle avec un autre clin d'œil.

Robur resta quelques instant dans le couloir, devant la porte qu'elle venait de refermer. « L'apprivoiser, hein ? » À ce moment-là, il arborait l'expression d'un loup. D'un vrai.

Il alla ouvrir sa valise, en sortit sa trousse de toilette et resta longuement sous la douche, avant de parachever sa toilette. Il passa la sortie de bains immaculée aux armes du Régent, prit sa carte magnétique d'accès et prit le couloir. Comme il marchait sur la moquette feutrée, il croisa une superbe femme qui rentrait de quelque soirée habillée, seule. Grande, presque hautaine, jupe plissée au-dessus des genoux, des jambes pleines de personnalité, des chaussures Louboutin certainement, les cheveux tirés en arrière en un chignon opulent et savamment désordonné, épaules nues jusqu'à la naissance des seins, son regard glissa sur le truand et un sourire s'esquissa, mélange indéfinissable de séduction et d'ironie. Robur fit trois pas en direction de la chambre des filles avant de céder à son envie de se retourner. Il la vit glisser sa carte dans la fente de la serrure. Elle fit ça très lentement, en le regardant, puis entra chez elle, et sa porte claqua.

Robur reprit sa marche, perplexe. Son regard descendit machinalement vers les plis de sa sortie de bain. Les pans s'en étaient écartés et son sexe raide et rouge pointait. Il comprit qu'il était déjà en érection en sortant de sa chambre, à l'idée d'aller s'amuser avec les filles. Il comprit que son membre avait décidé tout seul de pointer son museau dehors. Et c'est ce spectacle qui avait attiré l'attention de la splendide créature. Nom de Dieu, finalement, était-ce une avance ?

Désorienté, il frappa à la porte des filles. On lui ouvrit, et il se retrouva en plein typhon. Les deux filles étaient nues, avaient agrippé son vêtement aux épaules, l'en avaient débarrassé en un tournemain, l'avaient bousculé jusque sur le lit où elles l'avaient jeté, avant que Laure l'embouchât goulûment tandis que, jambes écartées, Gisèle s'était assise sur son visage et s'y frottait. Après quoi, Laure se redressa, se mit au-dessus de lui, à genoux, dévorant la bouche de Gisèle tout en se laissant tomber sur le membre dressé. Quand elle fut assise sur ses cuisses, la chair tendue de Robur fichée en elle, elle commença une houle des reins qui, en d'autres circonstances, eût vite extrait des bourses de Robur toute la semence qu'elles pouvaient contenir. D'autant que le truand adorait voir deux femmes se gougnoter. Mais Robur comprit qu'il allait facilement résister aux assauts des deux échevelées. C'est une curieuse situation pour un homme de voir son désir changer de cible en un instant. La minute d'avant, il était entièrement… tendu vers les deux étudiantes, la minute après avoir croisé la femme du couloir, son désir s'était complètement réorienté. Il satisfaisait son premier désir en rêvant de le parachever ailleurs. Et son corps, qui avait déjà décidé pour lui, collaborait en fidèle et indéfectible compagnon, empêchait que son désir pour les filles allât jusqu'au bout, lui prêtant une résistance à la montée de la jouissance dont il ne se serait jamais cru capable. Certes, la partie consciente de lui-même lui faisait valoir qu'il s'agissait là d'un pari sur l'avenir… Et les filles s'activaient… Elles sentaient bien que quelque chose clochait. Ce fut Laure d'abord, qui le sentit, avec sa sensibilité exacerbée et, il faut bien le dire, une sorte de soumission volontaire qui la liait au truand depuis que ce dernier lui avait fait franchir une borne dans la jouissance. Elle quitta sa position, écarta Gisèle de la sienne et se pencha à l'oreille de Robur.

« Tu veux que je te suce encore ? Tu veux décharger dans ma gorge ? »

Pouvoir des mots crus ! Ils fouettèrent Robur, sortis de la bouche d'une personne qui d'habitude citait des noms de philosophes à consonance allemande. Il acquiesça, une partie de son esprit lui disait « oublie la femme du couloir, profite de la générosité de ces mômes », et Laure le reprit en bouche. Mais alors, Robur fut trahi… par qui ? Son corps ? Son esprit plus retors qu'il ne l'eût pensé ? Il se sentait la proie d'une stratégie secrète qui avait pris le pouvoir. Car au fur et à mesure que la douce et vaillante Laure le suçait, s'appliquant à faire tourbillonner sa langue aux points sensibles, le truand… débandait ! Son engin ne fut bientôt plus qu'une chose flasque que Laure abandonna, remontant jusqu'au visage de Robur pour le scruter.

Gisèle, qui avait admiré le travail de Laure, était stupéfaite devant son résultat.

– Eh le grand homme ! Qe se passe-t-il ? On dirait que tu n'es pas avec nous !

– La fatigue, les filles. Vous avez vu l'heure ? Il nous reste un peu plus de quatre heures de sommeil avant le lever.

– Chochote ! Ça la ramène, ça montre son fric, ça s'offre une chambre sublime et… de bon goût, idéale pour baiser, et ça déclare forfait. Je peux te dire…

Elle n'en dit pas plus. Une gifle formidable l'envoya valdinguer sur la carpette. Une gifle qui avait atterri à l'endroit précis où Robur l'avait déjà frappée, à Paris. Gisèle se releva, rampa sur les draps, glissa sur les cuisses du truand, prit sa verge flasque en bouche, les ongles plantés dans ses hanches. Une brutale érection suivit, au point que Gisèle dut recracher le membre pour respirer. Il la retourna comme une crêpe, lui écarta les cuisses d'un coup de genou et s'enfonça. L'instant d'après, il cognait dans le fond du vagin et la pilonnait, ses mains s'étaient emparées d'une poignée de ses cheveux bruns, presque noirs, et Robur tirait violemment vers lui ce visage empreint d'une soudaine douceur, d'une sorte d'extase reconnaissante… Ce qu'il avait cru deviner se confirmait de manière éclatante. Cette fille cherchait la violence, les coups déclenchaient quelque chose chez elle, libéraient peut-être une volonté secrète et masochiste de soumission, derrière la façade presque prétentieuse d'une mademoiselle je-sais-tout. Deux filles soumises, finalement, quoique d'une manière fort différente. En même temps, il n'y croyait pas vraiment. Elles jouaient un jeu pervers qui leur plaisait, momentanément, l'une comme l'autre. Se méfier d'elles, constamment, était sans doute la meilleure des politiques.

Il n'était pas question de politique pour l'instant. Gisèle avait noué ses jambes dans ses reins, s'était creusée et arquée pour faire venir le membre de Robur plus profondément encore, et lorsqu'elle se mit à contracter spasmodiquement les parois de son fourreau tout en martelant le dos du truand de ses talons, il partit. Ce fut comme une fusée. Il voulait se retenir, il voulait encore se retenir de jouir, même au moment où il sentit son foutre jaillir. Sa jouissance en fut décuplée, il eut l'impression de se vider, il lâchait dans son for intérieur des « merde ! merde ! » qui ne semblaient avoir comme effet que de l'essorer davantage.

– Ça va bien les filles, vous m'avez eu.

– Pas moi, fit Laure boudeuse.

Il se redressa, enfila sa blanche sortie de bains et ouvrit la porte. Laure s'accrochait.

– J'ai rien eu, Robur.

– écoute, va dormir entre les cuisses de Gisèle. Tu auras mon odeur et mon goût. Pour cette nuit ça devrait aller.

Il referma la porte sur un « Ordure ! » retentissant qui lui parut parcourir tout le couloir de l'étage.

Il se retrouva devant la porte de la blonde. Il ne savait que faire. Frapper trois coups légers, pas plus ? Allait-il se montrer à la hauteur ? Il ne lui fallait pas énormément de temps pour récupérer mais tout de même… et cette femme devait être foutrement exigeante.

Il en était à danser d'un pied sur l'autre, assez ridicule, lorsque la porte s'ouvrit. Il la vit souriante, dans une nuisette d'un extrême raffinement dont l'art était de voiler-dévoiler à la perfection. Robur sentit sa bouche s'assécher. La femme bougea et l'on eût dit que son voile arachnéen était agité d'une légère brise. Il ne se densifiait que sur les seins qu'il épousait, et qui acquéraient une fantastique présence tandis que le pubis était à peine souligné d'une ombre pâle.

Elle n'eut pas un mot. Elle lui ôta la sortie de bain, le prit par la main et le conduisit à travers la suite qu'elle occupait jusque devant un lit king size. Elle se débarrassa aussitôt de sa nuisette d'un geste élégant. Machinalement, Robur suivit la trajectoire légère du vêtement, grand oiseau sensuel déployant ses ailes avant de se déposer avec grâce sur la moquette de haute laine, comme une fleur prête à être cueillie.

Robur eut un sursaut. Tandis qu'il regardait en l'air, elle l'avait déjà pris en bouche. Elle le lâcha aussitôt pour dire :

– Tu viens de faire l'amour. Ça me plaît.

Elle avait un accent dont il ne sut pas déterminer l'origine mais qui l'excita. Elle l'avait repris en bouche. Puis elle l'allongea sur le lit. Robur se laissait faire.

– Tu es fatigué. Cela me plaît aussi. Le défi n'en

est que plus grand et ma victoire n'en sera que plus entière.

Il fut désarçonné un instant par sa façon de s'exprimer. Elle disait avec simplicité des choses qu'il n'avait entendues qu'au théâtre… enfin, du temps où les sorties de classe accompagnées du professeur passaient par la Comédie-Française.

Elle se coucha sur lui, une main sous elle triturant son membre quand soudain, tout en plantant dans ses yeux un regard dur, elle planta aussi entre ses fesses deux de ses doigts dont les bouts s'agitèrent. Puis il y eut un moment de calme plat, avant qu'elle n'exerçât, dans un endroit particulièrement sensible qu'il ne se connaissait pas, une forte pression. L'effet fut immédiat : il sentit sa verge prendre dans l'instant une consistance de pierre. Elle se redressa, littéralement, pour pointer dure et drue vers le ciel-de-lit. Il ne put cacher son étonnement. La jeune femme se renversa sur le dos et lui tendit les bras.

– Viens maintenant !

Il se coucha sur elle et la fixa. Elle lui semblait comme un bloc d'énergie. Avec quelque chose de consistant comme le granit.

– Viens, dit-elle encore. J'aime les petits gars baraqués comme toi.

Le reste fut un tourbillon de fureur, de sueur, de positions folles, de griffes et de coups tel que Robur crut passer dans un hachoir à viande. Il ne sut jamais comment il avait regagné sa chambre. Ce furent d'abord le garçon d'étage, ensuite les filles elles-mêmes, qui durent le réveiller, et le secouer. Pendant qu'il s'habillait devant les filles déjà équipées de pied en cap, Gisèle se coucha de tout son long sur le lit encore chaud et frétilla dedans.

– Mais qu'est-ce que tu fais, t'es malade ?

Finalement, les trois s'engouffrèrent dans le taxi commandé par l'hôtel. Gisèle faisait la gueule. Elle ne desserra pas les dents jusqu'à ce qu'ils soient installés dans l'avion. Ils n'avaient pu obtenir d'être ensemble. Robur était d'un côté de l'allée, les deux filles deux rangs derrière de l'autre côté. Elles avaient juste la vision de la nuque épaisse du truand sous des cheveux qui bouclaient légèrement.

– Le salaud ! fit Gisèle.

– Mais qu'est-ce que tu racontes. T'es mal réveillée ? T'es bizarre depuis ce matin. Tiens, depuis ton truc de te rouler sur les draps !

– Ah oui ? Et pourquoi crois-tu que j'ai fait ça ? Pour me donner en spectacle ? M'incliner devant la couche de notre mâle ?

– Mais qu'est-ce que t'as à la fin !

– J'ai senti du parfum en allant dans sa chambre. Voilà ce que j'ai. Et ses foutus draps en étaient imprégnés. Alors monsieur te laisse en plan cette nuit pour aller s'envoyer en l'air ailleurs ? Comprends-moi bien, je me fous de ce mec. On en profite, c'est classe, et ça va être bientôt marre !

Laure était estomaquée et tremblante. Gisèle la regarda avec mépris.

– Dis donc je rêve ? Tu ne vas tout de même pas te mettre à chialer ?

– C'était notre parfum, non ?

– Tu parles ! Ouais ouais c'était notre parfum ! Et mon cul, c'est quoi ?

Chapitre IX

– Dis donc, Boris, s'exclama Brichot. Tu étais le moins enthousiaste d'entre nous au début de cette enquête. Et maintenant tu trouves qu'on ne va pas assez vite et tu houspilles !

– Oui, tu houspilles, renchérit Géraldine, ravie de la consonance du verbe.

– Je houspille ? Eh, j'ai fait ma part de travail cette nuit. J'ai mis en branle la machine à retrouver les filles. Pas ma faute si les engrenages manquent d'huile.

– D'huile de coude, tant qu'à faire.

Ils étaient tous les trois à la fois au téléphone et sur internet. Le planton de garde cette nuit avait fait son boulot mais les résultats avaient été négatifs. Et ils continuaient à l'être en cette fin de matinée.

Brichot finit par se rejeter en arrière sur son fauteuil.

– On enquête dans le vide. On n'a rien à reprocher aux filles. C'est ce type qu'on a laissé s'échapper rue des Moines qu'il faut rechercher. Il est en cavale.

– Pourquoi serait-il en cavale ? Il n'a pas été vu, tu peux parier qu'il est rentré chez lui et qu'il fait la grasse matinée.

– Tu te contredis, grand chef, nota Géraldine. Nous cherchons les filles parce que nous supposons qu'il les a embarquées. S'il les a embarquées, il ne fait pas de grasse matinée. Ou alors il la fait, avec une fille de chaque côté de lui. Peut-être qu'elles sont de plein gré avec lui.

– Peut-être, fit Corentin. Mais ça ne veut rien dire : il peut les embobiner à Paris et les mettre en esclavage à Marrakech. Y en a plus d'une, notamment venue de l'Est, qui a quitté son pays, croyant trouver du boulot à l'arrivée… c'est ce qu'on appelle des lendemains qui déchantent. Allez, pause café, qui s'y colle ?

– Ma religion me l'interdit, répondit Géraldine.

– Ta religion féministe ?

– J'y vais, fit Brichot.

Il revint de la machine et fit la distribution. Ils s'assirent sur le bord de leur bureau, une façon de marquer le moment de détente. Brichot avala deux gorgées et remarqua incidemment :

– Boris, je suppose que tu as fait toutes les vérifications nécessaires ?

– Que veux-tu dire ?

– Marrakech, c'est une destination si courue qu'un certain nombre de compagnies aériennes font décoller leurs avions de différents aéroports de province.

Il y eut un blanc, avant que Boris s'administre des claques.

– Bon Dieu, mais tu as raison. Comment ai-je pu…

– Je te trouve préoccupé, Boris, si tu veux mon avis. Ça me rappelle d'autres circonstances où, pareil… à chaque fois, il faut chercher la femme !

– Je ne cherche pas la femme mais les femmes, rétorqua Boris d'un ton rogue. Deux jeunes étudiantes pour être précis. Mais tu devrais quand même me donner des coups de pied au cul ! Allez, ouste, on s'y remet. Comment vois-tu la chose ?

– Je vois un type qui se dit qu'il a eu chaud aux fesses, que les flics sont au courant de pas mal de trucs, qu'il est temps de se calter… et que les aéroports risquent d'être surveillés. Alors j'embarque les filles dans un TGV et je vais prendre l'avion à Marseille. Voilà comment je vois les choses.

C'est Géraldine qui manifesta la première, avec son exubérance coutumière.

– Ouh ! J'y suis les amis. Le vol Bordeaux-Marrakech de ce matin. Les deux filles figurent sur la liste des passagers.

– L'heure de l'atterrissage, vite !

– Euh, fit-elle en regardant sa montre. Dans une heure, Boris. C'est un peu short !

– Je m'en occupe. Vous deux, affinez la recherche auprès des services de location.

– Qu'est-ce que tu veux savoir, fit Géraldine ?

– Ce que je veux savoir, tu le demandes ? Retourne à l'école de la police, bébé !

– Monsieur peut parler ! Monsieur est vexé peut-être ? La vengeance de l'humilié ?

Brichot se lissa les moustaches.

– Ce qu'il veut savoir, ce sont les conditions de la location. Si c'est une location groupée de trois places, on peut tomber sur le vrai nom du type qui s'est fait la belle hier, en tout cas le nom qui figure sur son passeport.

– Super, d'accord, je suis une cruche !

Corentin n'avait pas perdu de temps. Il s'était précipité dans le bureau de Badolini, dont il referma la porte à la hâte de crainte que le smog tabagique ne se répande dans les couloirs. Il toussa, battit l'air de ses bras pour repérer son fauteuil habituel et s'y assit.

– Eh bien, commandant, vous m'avez l'air bien agité. Quoique je puisse le comprendre, avec vos brillants états de service d'hier.

Boris passa outre, il connaissait son bonhomme par cœur.

– Commissaire, conclut-il après avoir résumé les derniers événements, il nous faut le concours de la police marocaine. D'urgence ! Il faut cueillir les filles et leur mec, ou leur mac, je ne sais pas encore, à leur arrivée.

– Ah oui, et pour quelle raison ? Quel crime ont-elles commis ? Et a-t-il commis, lui ? Même si c'est votre gars vous le prouvez comment ?

– Vous ne m'avez pas compris. Quand je dis « cueillir », je veux dire qu'il faut les prendre en filature à l'aéroport de Marrakech. Et seule la police marocaine peut le faire.

Badolini tira une longue bouffée de sa cigarette, restitua la fumée au bout d'un temps qui parut interminable à Boris. Le halo de fumée voila le visage de Baba et lui prêta un instant l'allure d'un bouddha au milieu des vapeurs de l'encens.

– J'aime autant vous prévenir, commandant : ça ne va pas être facile.

– Et pourquoi donc ? Nous avons de bonnes relations avec le Maroc !

– Nous avions. Ce n'est bien sûr que provisoire, mais comment dire : nous sommes en froid, si vous me passez l'expression, depuis que l'un de nos anciens ministres, Luc Ferry pour ne pas le nommer, s'est mis à dégoiser publiquement, sur le petit écran, racontant comment un ancien ministre de notre république s'amusait avec de jeunes garçons sur le territoire marocain.

– Je connais l'histoire, commissaire. Nous l'avons même convoqué pour lui faire dire le nom de ce ministre, ce qu'il s'est refusé à faire.

– Tandis que de l'autre côté de la Méditerranée, ils sont furieux que nous ne poussions pas nos investigations. Eux-mêmes enquêtent, sous la pression de diverses associations et de l'opinion publique. Comprenez bien, Boris, je ne m'oppose pas à votre souhait, mais si votre foutu avion atterrit dans… trois quarts d'heure maintenant, il est déjà trop tard. Le temps de palabrer et d'obtenir gain de cause, après être passé de responsable en responsable, c'est ce qu'on appelle se refiler la patate chaude, vous connaissez… Eh bien vos oiseaux seront déjà au nid.

Boris bouillait, d'autant plus qu'il se sentait responsable du retard pris.

– Restent les services secrets, patron. Nous avons bien quelqu'un de la Piscine[1] là-bas ?

– Comme vous y allez ! Pour une affaire de pain de fesses ?

– Une affaire de pain de fesses, comme vous dites, cela signifie deux étudiantes possiblement mises en esclavage, et peut-être tuées après avoir bien servi !

– Calmez-vous, Boris. Vous n'avez pas un ami là-bas ?

– Si.

– Alors appelez-le, je vous y autorise. Et tenez-moi au courant !

1. Direction Générale de la Sécurité Extérieure, surnommée la Piscine pour sa proximité, boulevard Mortier, avec la piscine des Tourelles.

Boris se jeta hors du bureau, poursuivi par une écharpe de brume et rejoignit sa place. Au regard interrogateur des collègues, il répondit simplement par un bras levé et une main déployée, geste qui a toujours voulu dire « Attendez les gars, un instant, j'ai du lait sur le feu ». Il forma un numéro, on lui répondit tout de suite. Son copain n'était pas un homme de terrain, mais un type intuitif et génial qui menait ses enquêtes à partir d'informations, de cartes, de diagrammes et de statistiques.

– Hervé ?

– Ouais ?

– Boris !

– Allons donc ! Et comment vont tes protégées du trottoir ?

– Elles vont bien et je n'ai pas le temps. Si vous avez quelqu'un de la boîte à Marrakech, il faut que tu me l'envoies à l'aéroport d'ici trois quarts d'heure.

– C'est tout ? Tu ne veux pas non plus un rendez-vous avec Mohammed VI ? Suivi d'un massage à la Mamounia ?

– Dix secondes.

– Quoi ?

– Je t'ai accordé dix secondes pour laisser s'exprimer ton humour original et dévastateur. Et maintenant, dis-moi.

– Attends, tu te fous de moi ? Tu pourrais peut-être me mettre au courant du travail qu'il y a à faire ?

– Ce serait une bonne idée : repérer deux jeunes filles, des étudiantes, accompagnées d'un type plus âgé…

– OK, envoie-moi leurs photos.

– Je n'ai rien de tout ça. Seulement des noms.

– Ça ne facilite pas la tâche. Il va falloir se mettre en cheville avec le service des passeports pour qu'il signale à mon agent le passage de tes vedettes. Un instant, je tape mes codes, j'ai mon listing qui apparaît sur l'écran, oui… Je peux sonner Hicham Eddine. Bon, donne-moi les noms.

– Gisèle Féraud et Laure Romani. Quant au nom du gars,euh, macache…

– Boris !

– Excuse-moi, Hervé, un instant !

Corentin se tourna vers Géraldine qui lui tendait un papier.

– On l'a, son nom, grand chef !

Boris reprit son dialogue avec Hervé.

– Quant au nom du gars, disais-je, il s'agit de Robur Hachémi.

– Dis donc, vous avez l'air de travailler à flux tendu ! Voilà un nom qui vient à point si je ne m'abuse, docteur !

– Dépêchons-nous, Hervé, l'avion atterrit…

– Je parie que tu n'es jamais allé à Marrakech, Boris. Sinon tu serais plus cool. Le passage au contrôle des passeports là-bas te donne un avant-goût d'éternité, si tu vois ce que je veux dire…

– Je vois. Eh bien merci, confrère et fais-moi signe.

Boris raccrocha et se tourna vers ses collègues.

– Robur Hachémi, hein ? Le nom ne serait-il pas marocain ?

– Possible, chef, même si je ne suis pas une spécialiste de l'onomastique.

– Bien, fouillez un peu en direction de ce Hachémi. Le truc classique, les condamnations, les procès-verbaux de stationnement, tout ce que l'on peut dénicher sans commission rogatoire du juge. Après, on décompressera un peu.

– On va manger quoi à midi ?

– Tout ce que tu veux, Mémé, sauf du couscous ou du tajine.

CHAPITRE X

– Y en a marre !

Un vrai cri du cœur qu'avait poussé Gisèle Féraud. On la regarda avec sympathie, avec des remerciements muets d'avoir exprimé si haut ce que tout le monde pensait tout bas. Il faisait une chaleur écrasante dans la vaste salle de contrôle des passeports. Même la douce Laure s'énervait.

– On nous traite comme du bétail ! Regardez toutes ces files qui n'avancent pas. Et ces connards dans leurs cabines qui tapent des heures sur leur terminal d'ordinateur sans lever le nez. Regardez-le celui-là. Vas-y que je claviote. Et tout ça pour quoi ? Pour une jeune fille au teint pâle à qui le plus exigeant des évêques donnerait le bon Dieu sans confession.

– « Claviote » ? C'est français, ça ? remarqua Robur.

– C'est français puisque je le dis !

Il y eut un mouvement de foule. Une femme

venait de s'évanouir dans la fournaise de la salle. Tout le monde regarda comme on la soulevait et comme on la conduisait dehors… au-delà de la muraille des cabines de contrôle.

– Bien joué ça ! fit Gisèle. Ça me donne des idées.

Et la foule, qui n'est jamais plus cruelle qu'en de telles circonstances, d'approuver. Quelques protestations montèrent, puis tout retomba comme un soufflé dans l'air poissé.

Une heure et demie après, au bord de l'explosion, Gisèle, qui passait la première des trois, jeta son passeport par l'ouverture en fusillant le policier du regard. Pas forcément la bonne méthode. Ce dernier prit le document, le lut, détourna son regard, parut consulter quelque chose sur son bureau, la regarda à nouveau, prit son téléphone, lâcha quelques mots murmurés puis reprit son office. Ils furent enfin dehors. Robur entraîna les filles vers la station de taxi. Comme il passait près d'un type en livrée de chauffeur, il lui lâcha trois mots en marocain puis continua son chemin. Gisèle avait noté le manège et entendu.

– Qu'est-ce que t'as dit ? Tu parles marocain, toi ?

– Et toi, tu le parles ?

– Non, pourquoi voudrais-tu que…

– Tant mieux ma belle.

– Mais ce type ? Il ne venait pas nous chercher ?

Il a fait mine de s'avancer vers nous.

Disant cela elle se retourna.

– Bon sang, Robur, il nous regarde d'un air ahuri… Et t'as vu la bagnole dans laquelle il monte ? Qu'est-ce que c'est ? Une Cadillac ? Et tu nous emmènes à la station de taxi ! Non, t'as vu la caisse pourrie, on dirait une Lada. Tu comptes vraiment nous faire monter dedans ? Séjour de rêve à Marrakech. Ah ça commence bien !

– Tu ne connais vraiment rien aux voitures, hein ? C'est pas une Lada. Et la Cadillac, c'est une Bentley. Et tu vas la fermer !

Elle le regarda, à la fois ironique et soumise, une lueur dans l'œil.

– J'aime bien quand tu te mets en colère.

– Ferme-la !

Il y avait quelque chose de particulier dans le ton de Robur qui la fit se tenir coite. Elle n'en pensait pas moins. Il se passait des choses bizarres depuis leur arrivée. Imperceptibles et pourtant… Robur avait la tête de quelqu'un qui s'énerve parce qu'il est préoccupé, ou inquiet.

Le truand négocia le prix de la course et ils partirent.

– Où va-t-on ? s'enquit Laure.

– Au Palmeraie Golf Palace.

– C'est là qu'on crèche ?

– Non.

– Alors pourquoi on y va ? fit Gisèle, excédée.

J'ai envie d'une douche, putain après le sauna des passeports.

Robur faillit exploser puis se retint. Ce n'était pas le moment d'inquiéter les filles.

– On est dans le pays du sauna et du hammam, plains-toi ! essaya-t-il de plaisanter.

Laure s'était assise devant et Gisèle et Robur occupaient les places arrière. Ce dernier se retournait souvent, observant les voitures derrière eux. Le manège finit par agacer la jeune fille.

– Laure ! s'écria-t-elle, sarcastique, nous sommes suivis. Je crois que Robur nous enlève !

Comme Robur la fixait, le coin des lèvres frémissant, elle éclata de rire.

– Tu sais que tu nous ponds là une vraie tête de coupable ? Allez, je vois que tu en as envie. Cogne-moi !

Robur leva le poing puis le laissa retomber sur sa cuisse.

– Tout à l'heure. Crois-moi, tu ne perds rien pour attendre !

La jeune fille fit mine de frissonner.

– Oh que j'ai peur !

Puis elle s'empara soudain du paquet que Robur portait entre ses cuisses depuis sa naissance et serra. Il lui prit la main et la rejeta si fort qu'elle parut se gifler elle-même. Le silence se fit dans la voiture. Robur rongeait son frein. Il avait envie de se retourner mais il ne voulait plus éveiller d'autres soupçons chez l'étudiante. La garce frôlait la vérité. La moindre erreur pouvait entraîner de sérieuses complications. Pourtant, il était sûr que quelque chose clochait. Déjà ! Le comportement du policier dans sa cabine de contrôle n'avait pas été naturel. Ils auraient été attendus que ça ne se fût pas passé autrement. Il avait juste eu le temps de prévenir le chauffeur. Sir Archibald Scanlon devait être bien sûr de lui pour envoyer à l'aéroport sa propre voiture.

La route vers le centre ville déroulait ses fastes. Ce qui frappait Laure, c'était la quantité de roses qui décoraient les bords et le terre-plein central. Des milliers de roses, et aussi, parfois au milieu d'elles, des orangers.

Ils furent bientôt dans la palmeraie. Les filles commençaient à se calmer, prises par le charme du lieu et sa taille impressionnante. Comme elles regardaient avidement par les vitres passager, Robur se permit quelques coups d'œil en arrière. Il y avait la Bentley de Scanlon – quel imbécile ce chauffeur – mais pour le reste, Robur ne pouvait en décider. À la faveur de quelques virages, il mémorisa les trois autres voitures qui formaient leur petit cortège.

Leur taxi s'arrêta devant le perron du Palmeraie Golf Palace. Robur demanda à leur chauffeur de les attendre. Il n'avait aucune envie de débarquer avec armes et bagages et de voir les chasseurs de l'hôtel se précipiter vers eux. Il dut négocier ferme avec le taxi pour obtenir un prix raisonnable. Puis il entraîna les filles dans le hall. Il crut qu'elles allaient fondre devant l'hôtel décoré de colonnes habillées de céramique, tandis qu'au centre un jet d'eau jaillissait dans son bassin. Elles eurent un regard plutôt blasé sur les lieux.

– Ca ne vous plaît pas ?

– C'est un peu kitsch, non ? Inauthentique en tout cas.

– Allez-vous faire foutre. Je vous installe dans le bar, je vois mon client et ensuite nous rejoignons notre destination. Commandez-vous ce que vous voulez et ne vous laissez pas entraîner par un prince.

– C'est toi notre prince, rétorqua-t-elle en le détaillant des pieds à la tête d'un air souverainement méprisant.

Robur se retourna et s'éloigna, leur cachant son visage blanc de rage. Elles allaient voir ce qu'elles allaient voir, ces pouffes intellos qui crachaient dans la soupe avec leurs grands airs.

Il sortit, examina les lieux, descendit jusqu'au parking derrière le Spa et repéra l'une des voitures de la Palmeraie. Il n'était pas encore certain qu'ils fussent suivis mais les chances augmentaient. Au bout du parking, il y avait la Bentley, et son chauffeur, qui époussetait la carrosserie. Il vit Robur, parut avancer vers lui mais ce dernier fit précipitamment demi-tour et s'éloigna. Le con ! Il n'avait donc pas compris ?

Il examina soigneusement les alentours avant de rentrer dans l'hôtel et de fouiller du regard le grand hall. Sans trop insister. Il ne fallait pas donner à croire qu'il se savait filé. Il décida d'appeler Scanlon.

– Sir ?

– Yes. Robur ? Qu'est-ce qu'il se passe ? Vous dédaignez mon chauffeur ? Il vient de m'appeler et de me dire que vous preniez du bon temps à l'hôtel ? J'attends les filles, *goddam* !

Robur lui expliqua l'affaire.

– I think… Peut-être vous trompez-vous, peut-être êtes-vous dans le vrai. Si vous êtes dans le vrai mon cher, c'est forcément que vous ne m'avez pas tout dit de ce qui s'est passé à Paris. Nous en reparlerons.

Le ton était glacé. « Salaud d'Anglais », murmura Robur. Mais Scanlon continuait :

– Toutefois, un bon point pour vous : vous êtes vigilant. Je vous envoie mon butler, James Taylor. Vous connaissez ? C'est un bon butler. Je ne m'entoure que de bons collaborateurs, Robur. Les autres… tout cela pour vous dire que James est capable de régler n'importe quel problème. Attendez son arrivée en buvant quelque chose. Plutôt du thé à la menthe que de l'alcool, n'est-ce pas ?

– Comment je…

Mais on avait raccroché. Robur regarda son portable comme s'il voulait le bouffer. La donne changeait. Ici, il n'était plus qu'un sous-fifre, c'était James qui menait la barque. Il se sentit légèrement angoissé. Il rejoignit les filles. Au diable les recommandations du sir ! Il avait besoin d'alcool. Il commanda un whisky. Les filles sirotaient un énorme cocktail de fruits et semblaient prendre leur mal en patience. Ils étaient installés dans le large couloir qui menait au bar. Un couloir aménagé de façon très cosy et qui fleurait bon le vrai luxe, tapis rouge au sol et, distribués de chaque côté, d'impressionnants fauteuils de cuir brun dont on devinait le confort avant même de s'y laisser aller.

– Tu vois, Robur, fit Gisèle, c'est le plus bel endroit de l'hôtel, avec le bar. Le seul à la hauteur de l'idée que je me fais du luxe… enfin… le début du luxe. J'ai vu les photos des chambres… je te les laisse.

Robur ne répondit pas. Il buvait son alcool à petites gorgées tandis que les filles se distrayaient avec les gens qui passaient.

C'est Laure qui poussa Gisèle du coude.

– Dis donc, vise un peu celui qui arrive !

Gisèle se retourna et eut une moue d'appréciation. Un type s'avançait, très élégant, découplé en athlète, non pas style haltérophile mais plutôt longiligne comme un nageur de compétition. Un visage de dur, assez proche de Daniel Craig, le dernier acteur à avoir endossé le rôle de James Bond.

– Foutre ! J'aimerais bien l'avoir dans mon lit !

Robur faillit lui dire que la chose était imminente. Au lieu de quoi, il l'apostropha :

– C'est à la fac qu'on vous apprend ce langage ? Je me serais attendu de votre part à…

– À quoi ? On aime bien les jurons toutes les deux. On adore se lâcher dans le langage quotidien. Tu sais pourquoi ? Parce qu'on est plongé des heures entières dans un autre langage. Tu veux que je te dise quoi à la place de « Foutre ! » Que cet homme a éveillé en moi une pulsion dont le contenu doit être soumis à une analyse phénoménologique plutôt que lacanienne, analyse qui mettrait au jour un phénomène de compensation dû à ma vision schopenhauerienne de la vie ?

– Je trouve « foutre » beaucoup plus court, fit Laura en éclatant de rire.

L'homme passa près d'eux en les saluant d'une légère inclinaison de tête. Puis il entra dans le bar, suivi par le regard gourmand des filles. Peu après, le téléphone de Robur sonna, et ce dernier se mit à baragouiner en marocain avant de couper la communication et de leur dire :

– Les filles, c'est à nous dans quelques minutes. On vient nous chercher.

Une heure plus tôt, Hicham Eddine, anonyme

dans la foule de ceux qui attendaient le Bordeaux-Marrakech dans l'aéroport, avait été prévenu par l'un des préposés aux passeports. Il avait dû grassement payer leur chef pour obtenir qu'on lui communiquât le renseignement demandé. Comme l'avait expliqué le chef, il devait prévenir tous ses collègues, ne sachant pas à l'avance à quel poste se présenteraient les filles et leur accompagnateur, et « il fallait bien les payer tous, n'est-ce pas ? ». Hicham Eddine avait souri d'un air entendu, histoire de ne pas laisser croire qu'il se faisait avoir comme un bleu. Il était persuadé que les subordonnés ne verraient jamais la couleur de l'argent, mais peu importait. Il avait repéré le trio et se tenait prêt à les suivre, mais un petit manège très rapide, au moment où Robur avait adressé quelques mots à l'adresse d'un type qui s'avançait vers lui, ne lui avait pas échappé. Tout en surveillant le trio, il observait le type du coin de l'œil et le vit prendre le volant de la Bentley.

« Tiens donc, mais je connais cette voiture. C'est celle de ce vieux grigou d'Archibald Scanlon. Aurait-il à voir avec cette histoire ? »

Il avait suivi le taxi du trio, juste derrière la Bentley, et maintenant il était assis dans le hall du Palmeraie Golf Palace, un magazine à la main, avec en ligne de mire le trio qui se prélassait dans le couloir du bar. Il vit passer James Taylor, le butler de Scanlon, qu'il connaissait aussi. Pour une barbouze du pays, Marrakech est une petite ville dont il connaît presque tout ce qui compte. « La famille s'agrandit, dirait-on, mais… rien n'est encore sûr. » Il vit Taylor passer devant le groupe sans lui adresser un seul mot et rentrer dans le bar.

Puis on vint lui demander ce qu'il voulait boire et il se laissa aller à prendre un whisky, sa grande faiblesse. Il passa le liquide ambré dans la lumière pour l'admirer avant d'en prendre une gorgée puis deux. Quelques minutes plus tard, il se sentit vaseux, avec une irrépressible envie de dormir. Il tenta de se redresser, et sentit peser sur lui le regard intéressé de Robur. On l'avait drogué… drogué ou empoisonné ? Il voulut appeler, il ne put produire qu'un drôle de cri affaibli et pâteux avant de s'affaler dans son fauteuil, non sans avoir eu le temps de voir James Taylor s'approcher de lui et… emporter son verre de whisky. Un voile noir de panique l'envahit, puis il sombra.

James Taylor revint vers Robur et les filles et s'inclina.

– Eh bien mesdemoiselles, la voie est libre. Bienvenue à Marrakech ! James Taylor, pour vous servir. Mettons-nous en route, je suppose que le voyage, l'attente à l'aéroport et la chaleur vous auront fait rêver à la plus tiède des douches. Vous pourrez ensuite vous faire masser.

Éblouies, les filles se levèrent et Robur suivit,

notant que Taylor ne lui avait pas adressé un mot.

Quand elles se trouvèrent devant la Bentley, Laure, rayonnante, se tourna vers Gisèle.

– Tu vois, tes vœux se réalisent. Nous allons tout de même y monter, dans cette splendeur.

– Idiote ! rétorqua-t-elle sèchement

Laure haussa les épaules sans comprendre. Quant à Gisèle, plus proche de la réalité que sa copine, plus sensible aux événements et aux ambiances, elle commençait à trouver louches toutes les manigances de ces dernières heures. Ça faisait tout de même beaucoup, entre le contrôleur des passeports qui avait agi comme s'il connaissait son nom et Robur qui évitait le chauffeur de la Bentley. Tout ça pour se retrouver assise sur les coussins moelleux dans des odeurs de cuirs rares. Laure était hypersensible au luxe, elle en perdait tous ses moyens mais à Gisèle ça ne faisait ni chaud ni froid. Elle se pencha vers sa copine :

– Ma petite Laure, je ne sais pas où on nous amène, mais on y va !

– Qu'est-ce que tu veux dire ?

– Àvrai dire, je ne sais pas.

Hicham Eddine n'avait pas été choisi au hasard par la direction générale de la DGSE. C'était un homme du pays, un Marocain instruit, introduit dans tous les milieux, aussi à l'aise dans une réception d'ambassade qu'au milieu des quartiers les plus pauvres de la médina, et physiquement très résistant. Il l'avait prouvé en ayant survécu vingt jours sous un éboulement, sans manger et pratiquement sans boire. C'est à la suite de cette mésaventure qu'il avait été approché et recruté.

Le nuage noir qui l'avait envahi n'avait pas éteint toute la lumière. Une parcelle de son cerveau était encore en éveil, semblait hurler en silence et lui donner un unique conseil, et il tentait d'écouter ce qu'elle lui disait. Il luttait, de toutes ses forces. « Se jeter par terre ! Se jeter par terre ! » Qu'est-ce que ça voulait dire, se jeter par terre… mais oui ! Dans son fauteuil, il avait l'air endormi. Personne ne s'occuperait de lui avant un bon moment. Tandis que s'il était couché par terre… Il rassembla toute son énergie, comprit qu'il n'aurait pas la force de se redresser, changea de tactique, porta son poids d'un côté du fauteuil, comme s'il voulait escalader l'accoudoir, mais il n'y parviendrait jamais, il pesait des tonnes. Puis il sentit tout basculer, s'évanouit pour de bon.

Nazema, femme de chambre au Palmeraie Golf Palace, sauta en arrière. L'homme lui était littéralement tombé sur les pieds, avec le fauteuil en prime. Elle se pencha, mit l'homme sur le dos et vit une sorte de mousse verdâtre au coin des lèvres.

Noura Farès avait été choisie par sir Archibald Scanlon lui-même. Il en avait fait une maîtresse occasionnelle qui lui était complètement dévouée. Surtout elle était d'une dureté sans pareille pour son propre sexe. Marocaine de la plus ancienne tradition, elle pensait que l'homme était le roi, la femme un mal nécessaire qui ne pouvait se racheter de sa condition qu'en servant le mâle à la perfection. Elle était aussi passionnément dévouée au seigneur et maître qu'était Scanlon qu'impitoyable pour les femmes qui croyaient pouvoir se passer du joug masculin. Scanlon n'avait pas tardé à comprendre le double axe qui orientait sa vie : adoration de l'homme et mépris pour son propre sexe. Il avait eu alors son idée de génie : la désigner comme maîtresse du harem. Il lui avait exposé son projet, d'abord avec circonspection, pour sonder son engagement. Mais l'enthousiasme participatif de Noura Farès avait été aussitôt sans bornes. Même dans ses rêves les plus fous, elle n'aurait jamais pensé rencontrer un jour un homme assez ambitieux et courageux pour rétablir une institution disparue dont elle avait rêvé petite fille, lorsque sa grand-mère lui lisait des récits des anciens temps. Non seulement, à ses yeux, le harem était l'incarnation même de la royauté masculine et de la soumission féminine, mais il était aussi une institution politique et sociale, et elle croyait savoir que, dans l'histoire, les grandes décisions de pouvoir se prenaient au harem.

Après avoir écouté les discours de Scanlon, elle avait pris les mains de l'aristocrate anglais dans les siennes.

– Toi, monsieur Scanlon, tu es meilleur Marocain que nous tous.

Scanlon, voyant les progrès rapides de la mise au pas et de la discipline de son harem, s'était félicité de son choix. Aucun homme n'aurait été plus dur qu'elle avec les femmes. Et puis, elle les connaissait bien, mieux que personne, les êtres de son sexe ; elle savait ce qui leur faisait peur, ce qui les faisait patienter, plier. Elle n'eut pas d'échec dans le gynécée. Malgré des différences de mentalité parfois importantes (qu'y a-t-il de commun entre une Américaine, une Italienne et une Polonaise ?), elle entraîna toutes « ses » femmes de la révolte initiale à la résignation finale.

Pour l'heure, Noura Farès passait une éponge imbibée sur le dos des Françaises. Elles n'étaient pas encore dans le harem en sous-sol mais dans les installations de la villa elle-même, en rez-de-jardin. Elle les préparait, les choyait, les alanguissait, les lavait, les caressait. Elle leur avait promis un merveilleux massage à suivre.

Elle les appelait par leur prénom, et cela suffirait désormais. Au harem, toutes perdaient leur patronyme. Avec sa formidable intuition, elle savait qu'elle aurait du mal à mater Gisèle tandis que

Laure ne poserait pas de réel problème. En lavant leur corps nu, trempant l'éponge dans le bassin et la pressant sur leurs épaules, elle étudiait leur anatomie, supputant le plaisir qu'elles pourraient donner. Elle avait passé sa main partout. Elle avait trouvé l'une plus étroite que l'autre, mais la plus large compensait ce défaut par une étonnante faculté de contracter son vagin. L'une avait des jambes plus fortes que l'autre, mais toutes deux les utilisaient avec grâce.

Les filles étaient aux anges, et si avides de la suite, un vrai massage balinais, leur avait-on promis, que même Gisèle se sentait mollir. La villa était fabuleuse, au point que, se tournant vers Robur après qu'ils l'eurent explorée, elle lui avait dit :

– Robur, voilà du bon goût, du vrai, si tu veux savoir ce que c'est.

– Et encore, rétorqua Robur, vous n'avez pas tout vu !

Il y avait comme une intention cachée dans la réplique qui aurait pu réveiller la méfiance de Gisèle. Le truand l'avait sentie grandir au cours des dernières heures. Mais maintenant il s'en foutait, ils étaient dans la place et il ne faudrait plus longtemps avant que les filles ne découvrent pourquoi elles étaient là. Quant à lui, sa mission était terminée. Il se ferait payer par le rosbif et il retournerait à Paris, seul endroit où il imaginait vivre. Il était dans le Spa, contemplait le travail de Noura Farès sur le corps des filles. Noura avait trouvé tout naturel qu'il lui demandât de rester, et il savourait les derniers instants de son séjour. Peut-être qu'il demanderait de coucher avec elles une dernière fois. Quoique... il se ressentait encore de sa nuit bordelaise avec cette blonde folle à lui arracher son membre.

L'un des serviteurs de Scanlon vint se pencher vers lui en un salut traditionnel.

– Mon maître vous invite à visiter le harem.

Robur ne se sentit plus de joie. Une telle visite lui avait toujours été interdite, et il la trouvait mauvaise, lui qui avait fourni au rosbif une grande partie de son cheptel.

– Seulement visiter ? fit-il avec un clin d'œil égrillard.

Mais le serviteur demeura impassible et s'éloigna. Il le suivit jusqu'au bureau de l'Anglais.

– Well, entrez, Robur. Je vais vous appeler l'un des gardiens du harem, il vous guidera. Si vous y alliez seul, vous n'en sortiriez pas vivant.

– Vous ne croyez pas, sir, que vous poussez l'imitation un peu loin.

– Mon cher, nous les sujets de sa Majesté, nous faisons les choses jusqu'au bout. Je sais bien que la perfection n'est pas de ce monde, mais si elle existe, c'est précisément pour que nous nous en rapprochions. Ah, voici Osmane.

Robur se retourna et fut impressionné. Osmane,

l'un des deux janissaires du harem, était un colosse qu'on aurait plutôt vu jouer les gladiateurs dans quelque peplum. Il portait au flanc un cimeterre étincelant passé derrière une large ceinture de soie qui faisait plusieurs fois le tour de son corps.

– Bah, fit sir Archibald, ne vous inquiétez pas, le cimeterre n'a jamais servi.

– Oui, fit Robur moins rassuré qu'il ne le laissait paraître, mais c'est le genre de truc à vous donner des idées.

– Vous ne croyez pas si bien dire. Faute de mieux, Osmane et son collègue Souleim s'entraînent sur des mannequins.

– Et qu'est-ce qu'ils leur font ?

– Ils leur coupent la tête, fit froidement Scanlon. Bien, allez-y, qui sait, Osmane vous permettra peut-être de faire votre choix et de passer une heure agréable sur l'une des couches de ces belles…

Un frisson d'excitation parcourut le dos de Robur. On a beau être blasé, avoir goûté comme mac à toute une variété de filles avant de les mettre sur le trottoir, il faut bien dire que pénétrer dans un authentique harem, ça vous avait une autre allure. Il savait y faire, l'aristocrate.

– Et… pour nos petites affaires, sir ?

Scanlon eut un regard vers le coffre-fort.

– Je les prépare, Robur. En liquide, comme convenu. À tout à l'heure.

Robur suivit le dos d'Osmane qui lui masquait

une grande partie du paysage. La curiosité le dévorait. Il s'était toujours demandé où Scanlon avait trouvé la place pour loger trente filles, eh bien il allait savoir.

L'un derrière l'autre, ils passèrent la piscine privée. Osmane ouvrit une porte, la referma derrière lui, puis ils suivirent un long couloir, bifurquèrent bientôt dans un couloir latéral. Au bout, une autre porte, d'acier blindé, qu'Osmane ouvrit avec une carte magnétique. Il s'effaça pour laisser entrer Robur.

Le truand eut un mouvement de recul. Ça ne ressemblait pas du tout à un harem. C'était un vaste sous-sol bourré de machines, chaudières, tuyaux, gros tubes d'aération.

– Qu'est-ce que c'est que ça, fit Robur, regardant le janissaire de haut.

Osmane s'inclina et s'adressa à lui en marocain.

– La chambre des machines, monsieur. Le maître a dit qu'il vous intéresserait de savoir comment le souterrain fonctionne. Nous allons avancer vers ceci.

Il désignait un grand bâti de métal cylindrique qui s'élevait du sol au plafond comme une colonne et qui comportait plusieurs portes au sommet arrondi. On aurait dit quelque haut fourneau déclassé finissant sa vie comme il pouvait.

Au bas de la colonne, il y avait une masse sombre, bizarre, que Robur ne put identifier avant qu'elle ne bouge, se redresse et se retourne. C'était Souleim, l'autre janissaire, peut-être plus grand et plus large qu'Osmane. Souleim tenait quelque chose à la main qui pendait le long de son corps. Quand il tendit le bras, la lumière accrocha vivement l'acier du cimeterre, il y eut un éclair.

Robur se retourna. Osmane avait aussi son cimeterre à la main.

Chapitre XI

On arrivait à la fin de l'après-midi. L'équipe de la Brigade s'était activée en vain sur l'affaire. Géraldine accusait le coup, à la limite du découragement. Il n'y avait aucune nouvelle en provenance de Marrakech, alors que les filles devaient y avoir atterri depuis plusieurs heures maintenant.

Vers 18 h enfin, Hervé, le contact de Corentin à la DGSE, appela.

– Oui, Hervé, fit Boris fébrile. Alors ?

– Dans quel panier de crabes as-tu mis la main, commandant ?

– Qu'est-ce qu'il y a ?

– Il y a que notre agent de Marrakech a été empoisonné. En plein après-midi, au milieu de la foule d'un hôtel. Alors je te le demande, où est-ce que vous avez fourré vos pattes ? Et ne me parle pas de secret de l'enquête et autres joyeusetés. L'un des nôtres…

– Hervé, dis-moi d'abord : est-il mort ?

– Non. Plutôt entre la vie et la mort, mais on pense qu'il va s'en tirer. On lui a lavé l'estomac. Il n'est pas frais. Alors ?

– Hervé, je te jure que nous ne savons pas grand-chose. Deux filles, des étudiantes, sont parties à Marrakech avec un certain Robur. On suppose qu'elles sont parties de leur plein gré, mais qu'elles vont avoir une mauvaise surprise là-bas.

– Attends ! Qu'est-ce que tu me racontes ! On ne tue pas un agent de la DGSE pour une affaire de traite des blanches, si c'en est une.

– Encore fallait-il savoir qu'il appartenait à votre boîte. Ils ne portent pas ça sur la poitrine, que je sache. Seulement, ce que tu m'apprends me confirme dans notre intuition de départ qu'il y a là un gros coup fourré.

– Qui est-ce, ce Robur ?

– Aucune idée. Nous avons appris son prénom de la bouche d'un mac qui a eu la double peine : balle dans le corps et défenestration du sixième étage. Il nous a confié quelques mots avant de mourir, l'un d'eux était ce prénom bizarre, Robur. Nous connaissons aussi son nom, après avoir consulté un listing de compagnie aérienne : Robur Hachémi. C'est tout. Non fiché.

– Je vais fouiller dans nos dossiers personnels. Quoi d'autre ?

– C'est-à-dire ?

– Je t'ai connu plus rapide, Boris. Serait-ce

l'âge ? Les autres mots prononcés par le mourant ?

– « Marrakech » et « Le Soliman ».

– « Le Soliman »? Ça ressemble à un nom de boîte, non ? Tu sais, ça me dit quelque chose ce truc, mais du diable si… Il faut que je réfléchisse. On se tient au courant. Tu ne bouges pas ?

Boris prit sa décision dans l'instant.

– Si, je bouge. Crois-moi, je vais bouger. Nous allons tous bouger. Embarquement pour Marrakech. Ce soir si c'est possible.

Du coin de l'œil, Boris vit les visages de ses deux acolytes exprimer la stupéfaction puis, pour l'un des deux, à savoir Aimé Brichot, de grands signes de dénégation. Corentin poursuivit sa conversation :

– Hervé, la première chose que je vais faire en arrivant, c'est d'aller voir ton gars à l'hôpital et de lui porter notre soutien. Et l'interroger, avec ta permission, dès qu'il sera capable d'aligner quelques mots.

– Tu as mon feu vert et ma bénédiction mais, par pitié, ne l'achève pas ! De notre côté, nous allons faire venir notre agent d'Alger en soutien. Mais il ne sera sur place que dans deux jours. Alors tiens-moi au courant sinon je t'arrache ce qui fait le bonheur de tes dames.

– Hervé, dans quel hôtel ton agent s'est fait empoisonner ?

– Au Palmeraie Golf Palace. Je ne sais pas ce

qu'il y faisait mais il y a vraisemblablement suivi tes jeunes filles et ton Robur.

– Alors mon enquête repartira de l'hôtel.

Boris raccrocha.

– Eh bien, Mémé, on proteste ? On n'est plus aux ordres ?

– Non, Boris, tu ne vas pas me faire ce coup-là. Je suis pris ce soir.

– Tu ne vas pas me dire que tu as une maîtresse ?

– Idiot ! C'est l'anniversaire du petit. Jeannette a tout préparé.

– Eh bien tu l'appelles et tu lui dis que vous referez la fête plus tard. Tu te rends compte de la chance de ton gamin ? Deux fêtes pour le prix d'une.

– Pour le prix d'une ? Tu te fous de moi !

– C'est un ordre ! Et toi Géraldine, tu ne vas pas me dire que Liselotte et toi vous fêtez l'anniversaire de votre rencontre ?

– Non grand chef, je suis prête pour le soleil de Marrakech. Le temps d'acheter de la crème solaire.

– Parce que tu crois que… Oh, qu'ai-je fait au bon Dieu pour mériter une pareille équipe ?

Ce fut un départ tout ce qu'il y a de précipité, mais ils réussirent à se retrouver assis dans le dernier avion du soir. Une obscure compagnie low cost dont Badolini fit retarder le départ de son vol Marrakech. Rien ne trahit le pouvoir comme ce genre de décision suivie d'effet. Vous êtes dans un TGV qui s'arrête dans une ville improbable non prévue dans le parcours, vous pouvez être sûr qu'un député l'a fait stopper pour y monter. Cela dit, ça coûte certainement moins cher que d'affréter un jet ou un hélicoptère.

L'heure d'arrivée tardive permit un passage plus rapide au contrôle des passeports. Les trois enquêteurs se firent conduire au Palmeraie Golf Palace où chacun rejoignit sa chambre. Il n'y avait rien à espérer avant le lendemain matin. Fatigués, ils eurent tout juste la curiosité de se rendre des visites réciproques, pour constater que leurs chambres étaient faites sur le même moule : grande pièce, lit surélevé d'un mètre sur une sorte de grande estrade entourée d'une balustrade, bureau, petit salon et balcon muni de deux chaises longues donnant sur les jardins de l'hôtel, dont ils purent distinguer la structure grâce aux lumières enterrées dans le gazon : palmiers, et bougainvilliers dont les grappes paraissaient noires dans la pénombre.

– Petit déjeuner demain à 8 heures, fit Corentin, péremptoire.

– Neuf heures, le provoqua Géraldine.

– Huit heures avec trente minutes de massage, rétorqua Boris.

Elle applaudit et referma sa porte.

Robur s'était figé, transpirant en un instant deux litres de sueur d'angoisse. Puis il se reprit. C'était un homme courageux, qui avait vécu plus d'un coup dur, et l'idée de se laisser trucider, égorger comme un lapin, sans se battre, ça ne lui ressemblait pas du tout. Il n'avait guère d'espoir. Mais il en était au stade où ce genre de sentiment ne peut plus jouer son rôle de moteur, et devient inutile. Plutôt un poids mort. Il existe une formule : « Il n'est pas nécessaire d'espérer pour entreprendre, ni de réussir pour persévérer. » Elle fut rendue célèbre par Guillaume d'Orange le Taciturne, prince d'Orange et comte de Nassau. Mais si on la lit attentivement, on se rend compte qu'elle est faite pour des durs de durs, pour des gens qui ont cet art de vivre dans le présent, et qui réagissent au coup par coup, sans vision d'avenir. Ou alors, il faut être dans la situation que connaissait en ce moment Robur. Son univers s'était rétréci sur deux objets scintillants, deux lames courbes à un seul tranchant qui s'élargissaient jusqu'à leur extrémité. Il nota même que l'une des deux lames était ajourée dans sa partie la plus large.

Les deux janissaires amorcèrent un mouvement tournant. Robur poussa un cri en dressant le bras vers le plafond. Ils levèrent un instant les yeux, instant dont profita Robur pour s'échapper du piège et courir vers le fond de la salle des machines. Il savait qu'un bon combattant doit parfaitement connaître la configuration des lieux. Tout en courant, et en entendant derrière lui le lourd pas de charge des sbires de l'Anglais, il regardait, notait les structures métalliques auxquelles il pourrait grimper… mais il cherchait surtout une autre issue que celle que les gardes avaient verrouillée derrière eux. Une porte, un soupirail… Il passa derrière un empilement de bidons – de l'essence, ou du fuel ? – qu'il renversa. Il les entendit rouler. Il poursuivit sa course, mais il atteignit vite le fond de la pièce et se retourna. Les autres s'étaient empêtrés dans les bidons mais ils arrivaient. Il prit son élan, courut vers eux. C'était du suicide et les gardes le regardaient venir, interloqués. Alors qu'ils levaient leur arme, Robur prit appui sur ses jambes, ployant les genoux en pleine course pour sauter en l'air, en profitant de son élan. Il se rattrapa à une barre horizontale qui parcourait la pièce à deux mètres vingt environ du sol de béton. Sur cette barre, dont les frangines se succédaient en parallèles sur toute la profondeur du local, prenaient appui des plaques de contreplaqué qui faisaient plancher. L'un de ses pieds heurta l'un des hommes – Osmane ? Souleim ? il s'en foutait – qui tomba lourdement sous le choc. Tandis que Robur se rétablissait et se jetait en avant, haletant et à plat ventre sur le sol de cette mezzanine, il sentit fulgurer une brûlure à son pied droit. Il le ramena vers lui. Une lame de cimeterre avait fendu sa chaussure droite et entamé le côté du pied, le rabotant. Il pissait le sang. Ne pouvant se redresser puisque le plafond était à peine à un mètre, il parcourut à genoux un espace encombré de tas de caisses et d'ustensiles improbables. Il ne les entendait plus. Il jeta un œil en bas, à travers les planches ajourées de cette manière de grenier, mais ne les vit pas. Mauvais ça ! Il réfléchissait à toute vitesse sur la stratégie à suivre lorsqu'il repéra des boîtiers fixés sur des caisses, de place en place.

– Nom de Dieu, les salauds ! Tout le souterrain est piégé.

Il avait reconnu des détonateurs à commande à distance. De petits chiffres rouges scintillaient mais ils étaient fixes. Aucun n'avait entrepris de décompte. C'était en prévision de… de quoi ? Ce salaud d'Anglais était-il prêt à tout faire sauter en cas de pépin ? Et les caisses, que contenaient-elles ? Il voulut en ouvrir une, mais quelque chose le pénétra. Il était à genoux et regarda stupidement une lame de cimeterre descendre entre deux plaques de contreplaqué. Elle était rougie de son sang. Il se retourna. Osmane rampait vers lui, le cimeterre en avant. En bas, Souleim remontait vers lui son arme à bout de bras. Une position qui l'empêchait d'utiliser sa force. Robur prit la lame dans sa main avant qu'elle ne s'enfonce à nouveau dans son bas ventre et perdit deux doigts lorsque Souleim la ramena brutalement vers lui. Robur entendit ses doigts tomber sur le sol et faillit tourner de l'œil. Puis il s'écarta de l'interstice qui le mettait à la merci du garde, s'agenouilla et regarda venir Osmane. Il ne lâchait pas le cimeterre des yeux. Le garde s'arrêta à trois pas de lui et déporta son arme vers la gauche, inclinant la lame jusqu'à l'horizontale. Robur s'apostropha : « Mon vieux, du sang-froid, sinon tu risque de perdre la tête. » Quand il vit venir la lame vers lui, il se baissa, cognant le plancher du front. Ses cheveux se dressèrent. Le vent de l'acier à son passage ? Ou la peur horrifiée ? Il préféra ne pas trop réfléchir à la question. Autre chose en effet le préoccupait. Son mouvement brutal vers le bas avait élargi la déchirure de son ventre et il lui sembla qu'il lâchait sous lui quelque chose de flasque. Ses intestins ? C'était dégueulasse, cette façon de mourir en faisant non pas sous soi mais devant soi. « Pardonnez-moi mon Dieu, je vais arriver chez vous pas très ragoûtant ! Désolé, adressez-vous à Allah ! » Il ne pouvait plus se relever. Il était là, agenouillé, front contre sol, dans la position de la prière. Il se demanda s'il était tourné vers La Mecque et, dans cette éventualité, s'il augmentait ses chances de paradis. L'œil renversé vers le haut, il distingua vaguement le mouvement que fit Osmane pour abattre sa lame, cette fois en position verticale. Mais le janissaire, à cause de la proximité du plafond, ne put prendre assez d'élan pour trancher la tête d'un coup, dans la meilleure des traditions. Oh, certes, elle s'enfonça suffisamment pour faire passer le roumi de vie à trépas, mais enfin, ça n'était pas du travail. Vu l'exiguïté des lieux, il ne pouvait même pas lui donner des coups de pied, à ce chien. Souleim vint le rejoindre, hochant la tête avec commisération, et l'aida à tirer le cadavre de Robur jusqu'au bord de la mezzanine, avant de faire basculer le corps. Quand ils l'eurent rejoint, ils lui donnèrent tous deux des coups de pied, puis Osmane alla chercher les deux doigts tombés de la main de Robur et les lui fourra dans la bouche.

– Au moins il sera complet.

Ce fut tout ce qu'obtint Robur Hachémi comme sentence funèbre. Pendant la nuit, tandis que les trois as de la BRP dormaient du sommeil du juste, Robur fut mis dans un sac et transporté à dos de dromadaire au cœur de la Palmeraie où il fut enterré au pied d'un palmier.

Ni Robur, ni même les deux janissaires, trop occupés comme on l'a vu, ne virent l'entrée dans le harem de Gisèle Féraud et de Laure Romani. On les avait conduites devant la prestigieuse double porte où d'ordinaire officiaient Osmane et Souleim, on avait refermé derrière elles les deux battants. Figées, les deux amies n'en croyaient pas leurs yeux.

Il faut dire que le spectacle avait de quoi surprendre. Dix, vingt, vingt-huit femmes et jeunes filles exactement, toutes plus belles les unes que les autres, alanguies, nues ou voilées, certaines dans l'eau, d'autres assises sur des marches de marbre autour du bassin central, certaines isolées, d'autres s'occupant à se donner mutuellement quelque douce jouissance. On eût dit que le temps s'était considérablement ralenti, et que, dans cet endroit, il était impossible d'imaginer que partout dans le monde, des gens travaillaient. Il faut dire que Noura Farès avait durement chapitré les filles pour qu'elles offrent aux nouvelles arrivantes cette image idyllique.

– Qu'est-ce que c'est que cette turquerie ? proféra Gisèle.

Laure était muette, incapable de lui répondre. Elles se sentirent poussées dans le dos et descendirent quelques marches vers le bassin. Au passage, elles dévisageaient les femmes et il leur vint à l'esprit que tout cela puait la fausseté, que ce n'était qu'un vernis… qui recouvrait quoi ? Où étaient-elles ?

– Un harem, murmura Laure, qui voyait surgir devant ses yeux des tableaux qu'elle avait croisés au cours de recherches sur l'exotisme en France au XIXe siècle.

– Tu as raison ! s'exclama Gisèle que l'évidence frappait soudain comme la foudre. Nous sommes dans un harem.

Elle regarda plus attentivement les visages tournés vers elles, figés dans le sourire, mais un sourire las, avec des yeux qui trahissaient tour à tour la compassion et la souffrance.

– Tu as vu ? fit Gisèle à l'adresse de son amie. Que des Européennes. Toutes très typées. Je suis sûre qu'on pourrait deviner la nationalité de chacune, avec un peu d'effort. Celle-là elle est scandinave, visiblement. Cette autre est allemande…

– Et celle-là est tchèque, fit Laure. J'en mettrais ma main au feu, je suis allé à Prague il y a peu.

Soudain, la voix de Noura Farès égrena derrière elles :

– Andrika, Hajnalka… Concetta, Eugenia… Solveig, Jaana…

Chaque fois qu'elle prononçait un prénom, une femme se levait.

Quand Solveig se leva, elle se mit à ruisseler, sortant de l'onde comme une sirène. Elle était d'une beauté bouleversante. À Gisèle et Laure, il leur parut qu'elle pleurait. Mais comment distinguer des larmes au milieu de ces perles d'eau qui accrochaient la lumière des chandeliers.

– Tu as remarqué ? souffla Laure. On dirait qu'elles sont deux par pays. Solveig et Jaana, ce sont des prénoms suédois. Concetta et…

– Je sais. Italiens.

– Attendons les Françaises, fit Laure sans réfléchir.

Gisèle la regarda avec un sourire froid et crispé.

– Les Françaises ? Tu n'as pas compris ? C'est nous !

Noura Farès avait presque achevé sa litanie.

– Et voici, mes chères sœurs, Gisèle et Laure.

Et elle les poussa en avant.

Gisèle se retourna.

– C'est bien joli toutes ces présentations, mais moi je n'ai pas besoin de copine supplémentaire. La meilleure est ici à mes côtés et les autres m'attendent à Paris.

Puis, entraînant Laure, elle passa devant Noura et se dirigea vers la double porte qu'elle ouvrit. Avec soulagement, car elle avait craint qu'elle ne fût verrouillée. Elle vit s'étendre devant elle le long couloir qu'elles avaient arpenté naguère dans l'autre sens, mais le vit à travers deux grosses paires de jambes bien campées sur leurs pieds, deux hallebardes croisées, et, au flanc des deux monstres, deux lames de cimeterre avec deux ou trois traces brunâtres. Les deux janissaires avaient mis Robur dans son sac, l'avaient stocké dans la chaufferie en attendant la nuit, et étaient venus reprendre leur poste.

Quelque chose siffla. Et brûla Gisèle autour du cou. En même temps elle se sentit tirée en arrière et bascula avec une sensation d'étouffement. Les gardes refermèrent la porte. Laure, abasourdie, regardait se tordre sa copine. Autour de son cou, une sorte de serpent noir, un fouet que Noura Farès récupéra. L'instant d'après, il s'enroulait autour du cou de Laure qui tomba près de son amie.

Gisèle leva les poings, les yeux exprimant la rage la plus intense. Elle reçut un coup au plexus qui la plia en deux. Une paralysie générale l'envahit. Elle s'affola, elle ne pouvait plus respirer. Tout son corps était contracté comme s'il allait s'effondrer sur lui-même. Noura Farès, debout à son flanc, pressa la pointe de sa chaussure sur un endroit particulier et l'air revint en sifflant dans les poumons de la jeune fille.

– N'essaie rien avec moi, compris. Je maîtris mon art, peu importe lequel, il faut juste que tu saches. Maintenant suivez-moi dans la chambre que vous allez partager, nous allons nous expliquer.

C'était maintenant la colère qui semblait vouloir étouffer la forte nature qu'était Gisèle, mais elle avait autre chose à faire : Laure était en train de craquer, éclatant en sanglots, lâchant des mots sans suite, il fallait qu'elle s'occupe d'elle. Elle la prit par le bras.

– Pas de souci, Laure, allons dans cette foutue chambre et, comme elle le dit, expliquons-nous.

En d'autres circonstances, elles se seraient arrêtées toutes deux sur le seuil et peut-être eussent-elles claqué des mains devant la splendeur de la chambre : une immense couche, un lit qui devait être un carré de trois mètres de côté, sur lequel était répandue une profusion de coussins ornés de glands. Le sol était invisible sous les tapis, qui pendaient aussi des murs. Et une salle de bains donnant directement dans la chambre. Deux lavabos, une grande baignoire dans laquelle on descendait au moyen de quatre marches de marbre, et le tout à l'avenant.

Mais les filles ne voyaient rien. Laure tenait à peine sur ses jambes et Gisèle l'assit sur le lit avant de se retourner vers Noura, mais celle-ci la devança.

– Bien. Je pense que vous avez compris où vous êtes. Dans un harem, les filles obéissent au doigt et à l'œil en attendant le bon vouloir du prince.

– Un harem ? Vous voulez dire un bordel, espèce de salope.

La lanière du fouet jaillit et déchira le vêtement de Gisèle à l'épaule.

– Déshabille ta copine, fais de même, et je vous donnerai mes instructions.

– Non.

– Très bien, soupira Noura. Tu as le choix : soit tu te déshabilles, soit c'est moi qui le fais, sans te toucher. Je parle des mains. C'est la pointe de mon fouet qui te mettra nue.

Gisèle lut dans les yeux de sa tortionnaire une détermination si farouche qu'elle décida d'obtempérer. Lorsqu'elles furent nues toutes les deux, Noura parla.

– Le temps qui me reste est comme un défi. Mais je les relève toujours, et je gagne toujours. Nous avons pris beaucoup de retard avec la France.

Comme d'habitude. Vous êtes un pays de soixante millions de récalcitrants. Les autres pays nous ont envoyé leurs représentantes sans aucun problème. J'ai donc peu de temps pour vous dresser, puisque le prince arrive dimanche. Deux jours. Vous allez donc coopérer. Sinon je devrai employer des méthodes plus rapides qu'avec les autres. Donc plus violentes. À vous de choisir.

– Va te faire foutre, salope !

Noura leva son fouet et l'abattit. Dix fois, vingt fois, trente. Gisèle se roulait par terre en hurlant, sous les yeux de Laure impuissante qui se tordait les mains.

– Ne t'inquiète pas pour ta peau, je sais doser les coups. Et mon fouet est d'une qualité qu'on ne trouve plus. Il faut que tu restes présentable.

Puis elle lâcha le fouet et s'en vint la rouer de coups, méthodiquement, comme si elle voulait marquer chaque parcelle de son corps. Le traitement dura plus d'une demi-heure. Entrecoupé de pauses qui rendaient la reprise de la souffrance plus insupportable.

Finalement, légèrement essoufflée, Noura lui lança.

– Demande à ta copine de t'aider à te mettre dans l'eau. Je vais t'envoyer quelqu'un pour les onguents et le massage. Dans deux jours, pour l'arrivée du prince, tu seras impeccable. Et docile. Je vous enverrai également Solveig, la Suédoise.

C'est la plus ancienne ici, elle vous dira tout ce qu'il faut savoir sur la marche du harem.

Noura Farès quitta la chambre sous le regard de haine de Gisèle. Quand elle eut pris son bain, et après qu'une masseuse lui eut passé des onguents sur tout le corps, elle fut surprise, en s'examinant, de ne pas se trouver plus mal en point. Ce qui n'était pas fait pour la rassurer. Cela voulait dire que Noura était une professionnelle et qu'elle pourrait recommencer à la battre comme plâtre dès le lendemain.

Allongées sur le grand lit, épuisées, elles n'eurent pas le temps de se confier leurs impressions. Solveig la Suédoise entrait dans leur chambre. Malgré leur état de faiblesse et de choc, les deux étudiantes ne purent s'empêcher de l'admirer une deuxième fois. Elles n'avaient sans doute jamais vu telle perfection. C'était véritablement un corps de Messaline qui paraissait abriter l'âme d'un ange.

Solveig s'approcha et se pencha sur elles.

– Je suis passée par là, je sais ce que vous éprouvez. Mais il n'y a rien d'autre à faire qu'à attendre.

– Attendre ne me ressemble pas, répondit Gisèle. Mais… tu parles français ?

– J'ai fait des études de langue à la Sorbonne avant de revenir dans mon pays… Et puis…

Elle avait prononcé les derniers mots avec une grande tristesse.

– Écoute, fit Gisèle, nous sommes trente maintenant. Cela représente une force de frappe, tu ne crois pas ?

– Une force ? La plupart des filles sont assommées par les drogues et totalement résignées à leur sort après avoir été battues et violées par les janissaires. Elles ont peur. Elles ont déjà choisi les bras du prince qu'on leur promet plutôt que le fouet de Noura. Et je peux les comprendre. Il y en a même qui ont commencé à vraiment lâcher prise et qui se sont mises à aimer leur situation et surtout leurs tortionnaires. D'ailleurs c'est…

– Un truc de ton pays, l'interrompit Gisèle. Le syndrome de Stockholm[1]. Je connais. Je ne me laisserai pas prendre, crois-moi. Dis donc, il y a d'autres violents ici, du style de cette Noura ?

– Tout dépend. Nous avons été copieusement violées par les janissaires qui défendent la porte du harem. Cela faisait partie de notre dressage. Mais ils ont désormais interdiction de nous toucher. Nous devons arriver vierges dans les bras du prince.

Elle sourit en disant cela. Un sourire qui tint les deux filles sous son charme.

– Alors tout va bien ! ricana amèrement Gisèle.

– Si l'on veut. Il y a aussi l'Anglais…

– De qui tu parles ?

1. Terme inventé par le psychiatre américain Ochberg après l'analyse d'un fait divers dans la capitale suédoise. Il s'agit du mouvement de sympathie et d'empathie émotionnelle qui finit par rapprocher la victime du preneur d'otages, dès lors qu'ils sont contraints de vivre ensemble pendant un certain temps.

– C'est un Anglais qui est à la source de toute cette affaire. Lui sans doute qui a fondé le harem et qui va engranger l'argent. Entre nous les filles, on l'appelle sir Archibald. D'ailleurs je ne lui connais pas d'autre nom. Eh bien écoute, ce type est tellement pervers que je préfère encore avoir affaire aux janissaires.

Gisèle et Laure restèrent muettes. Solveig posa sa main sur la cuisse de Gisèle.

– Détendez-vous ! Demain est un autre jour, comme vous dites en France.

Sa main remonta jusqu'à l'entrejambe de l'étudiante qui ouvrit les cuisses. Elle était lasse, savait que le combat reprendrait demain. En attendant, elle n'avait qu'une envie qui rejoignait celle de Laure. Se laisser faire. Surtout par des mains aussi expertes. Car son petit bouton était déjà en érection sous le pouce insistant de Solveig. La Suédoise s'était agenouillée entre les deux jeunes filles et s'occupait des deux en même temps. Deux doigts de sa main droite étaient déjà profondément engagés dans l'antre humide de Laure tandis qu'elle astiquait le bouton de Gisèle de plus en plus rapidement. Gisèle lui prit le poignet et appuya fortement. Au tremblement qui la prit, Solveig comprit qu'elle jouissait et abandonna Laure un instant pour boire le jus qui s'écoulait doucement d'entre les lèvres rouges. Après quoi, elle se retourna vers Laure et entreprit de la faire venir en la suçant et en la mordillant. La jeune étudiante fut plus longue à venir mais fut alors comme une fontaine et Solveig, qui semblait particulièrement apprécier cette manière d'étancher sa soif en eut pour ses efforts.

Elle se releva.

– Je retourne dans ma chambre. Jaana va m'engueuler de la laisser seule. Dormez surtout. Vous aurez besoin de vos forces.

Elle quitta la pièce sur la pointe de ses pieds nus et les deux Françaises n'eurent pas la force de parler et d'échanger leurs impressions. Elles étaient brisées.

Bien plus tard, mais quand, elles ne le surent pas, on leur avait pris leurs montres et leurs portables, elles s'éveillèrent toutes les deux d'un sommeil agité de cauchemars. Il semblait qu'il y avait quelqu'un dans leur chambre. Une forme blanche qui s'avançait, vaporeuse comme un fantôme écossais. Ce n'était pas un fantôme car le lit plia sous le poids de la visiteuse inattendue.

– N'ayez pas peur, je suis Liriana, l'une des deux Albanaises.

Gisèle se redressa sur sa couche, encore sous le coup d'un cauchemar qui s'évanouissait déjà dans l'oubli. Il ne lui en restait plus qu'une bouche asséchée par la peur.

– Que veux-tu, Liriana ?

– Vous prévenir toutes les deux. Méfiez-vous de Solveig. Ne lui dites rien.

– Pourquoi ? chuchota Laure.

– Je n'en suis pas sûre, mais elle est probablement chargée de nous surveiller. De l'intérieur. Dans mon pays, sous le joug communiste, ça se pratiquait beaucoup et je connais toutes les méthodes. Je… euh… je les ai moi-même pratiquées avant d'ouvrir les yeux sur notre régime.

» Elle est là depuis longtemps et elle a toujours été la première à aller voir les nouvelles entrantes. Il y a quelques autres détails avec lesquels je ne veux pas vous ennuyer. Mes soupçons se sont transformés en certitude. Je le répète, méfiez-vous !

Malgré l'obscurité, Gisèle essaya de déchiffrer l'expression de Liriana. Elle lui dit doucement.

– Tu sais, Liriana… l'une des méthodes auxquelles tu fais allusion pourrait bien être celle que tu viens d'utiliser. Celle qui en déconsidère une autre aux yeux de toutes est peut-être bien la véritable traître. Qu'en penses-tu ?

Laure éprouva une certaine admiration pour le raisonnement de Gisèle. Le moins qu'on pouvait dire était que sa copine ne s'en laissait pas conter. Difficile de la tromper. Mais du coup, après avoir éprouvé un certain soulagement de la présence de Liriana, elle retombait dans des doutes plus profonds, générateurs de nouvelles angoisses.

Quant à Liriana, elle regardait tristement Gisèle, en hochant la tête.

– Que veux-tu que je réponde à cela ? D'une

seule manière : méfiez-vous de tout le monde.

En sortant de leur chambre, elle ajouta dans l'ombre :

– Et de vous-mêmes également.

Puis elle disparut comme elle était venue : dans un souffle et glissement de soie.

CHAPITRE XII

Géraldine, Aimé et Boris achevaient un petit déjeuner somptueux sous la vaste gloriette qui se dressait dans le parc de l'hôtel, au bord de la piscine. Des employés apportaient déjà des piles de grandes serviettes de bain vertes. Chaque chaise longue en teck avait droit à la sienne et l'on voyait déjà quelques clients décidés à prendre un bain matinal étendre la leur sur le siège de leur choix avant de plonger.

Corentin avait distribué le travail. Aimé et Géraldine enquêteraient discrètement auprès du personnel et des clients de l'hôtel sur l'événement de la veille, cet homme que l'on avait trouvé évanoui sur les carreaux du grand hall. Lui-même avait commandé un taxi pour aller à l'hôpital prendre des nouvelles de l'agent de la DGSE.

On le fit patienter dans la salle d'attente de l'étage Gastro, avant qu'un médecin ne vienne le chercher et ne le conduise dans la chambre où

Hicham Eddine tentait d'échapper aux griffes des ténèbres. C'est une drôle de chose que l'empoisonnement. Il semble que votre corps entier et votre âme soient rongées par un élément extérieur, une bête malfaisante, un alien qui cherche à vous investir, à remplacer vos cellules par les siennes. Alors, on vomit, on vomit encore, on expulse par tous les trous que peut comporter votre corps. Et parmi les trous il y a les milliers de pores de la peau qui sécrètent une sueur malsaine, chaude, nauséabonde.

– Attendez un instant, monsieur Corentin, l'infirmière finit de le laver. On doit l'éponger toutes les heures vous savez. La quantité d'eau que peut contenir un corps est invraisemblable. Et l'eau est vitale. Au fur et à mesure qu'elle est expulsée avec les miasmes, il faut la remplacer par les perfusions. Je crois qu'elle a fini. La voici. Allez-y, entrez.

Dans le lit, Boris vit la forme émaciée d'un homme qui paraissait être costaud, si ce n'est qu'une sorte de peau surnuméraire le fripait comme un bébé qui vient de naître. Corentin le regarda avec un mélange de compassion et de rage rentrée pour ceux qui avaient fait cela.

– Est-il conscient, docteur ?

– Allez-y, parlez-lui. Je vous accorde dix minutes. L'infirmière viendra vous rechercher.

Boris se pencha sur lui.

– Hicham ! Hicham ! Vous m'entendez ?

Le malade ouvrit les yeux.

– Je suis heureux de vous voir. Vous êtes tiré d'affaire. C'est une bonne nouvelle que je vais pouvoir communiquer à mon ami Hervé.

– Hervé ?

– Un ami de la DGSE.

– Je le connais. C'est un ami à vous ?

– Oui. Et s'il y a une chose qu'il tient à connaître, c'est le nom des salauds qui ont tenté de vous supprimer. Pourquoi ? Le savez-vous ?

– Que savez-vous sur…

– Ne vous fatiguez pas, Hicham. Parlons utile. Je sais tout de l'affaire, et la raison pour laquelle, à ma demande, on vous a mis sur cette prise de filature à l'aéroport. Etes-vous capable de me raconter les derniers événements sans trop vous fatiguer ?

Hicham se mit à parler d'une voix hachée et sifflante. Il raconta les faits, puis il livra son interprétation au policier français.

– Pour une raison qui m'échappe, l'accompagnateur des jeunes filles a eu le soupçon qu'il était surveillé. Je reste persuadé que le chauffeur dont je vous ai parlé venait les chercher tous les trois. Le fait qu'il s'en soit éloigné pour commander un simple taxi ne signifie qu'une chose pour moi : il ne voulait pas mouiller celui qui l'attendait.

– Et avez-vous une idée de l'identité de ce…

– Simple chauffeur, mais j'ai reconnu la voiture qu'il conduisait : c'est la Bentley de sir Archibald

Scanlon. Un richissime aristocrate anglais, dont les excentricités sont bien connues à Marrakech. D'ailleurs, j'ai retrouvé voiture et chauffeur au Palmeraie.

– Savez-vous autre chose ?

Hicham Eddine était fatigué. Il ferma un moment les yeux avant de lâcher :

– Je ne crois pas. Je me suis installé pour surveiller mes cibles. J'ai vu passer James Taylor sans surprise.

– Qui est-ce ?

– Le butler de sir Archibald.

– Le butler ?

– Son majordome, si vous préférez. Son aide de camp. Un personnage puissant et controversé. On dit que c'est l'homme de confiance de l'Anglais, un personnage capable de tout.

– Même de verser du poison dans l'alcool que vous aviez commandé ?

Hicham se laissa aller sur l'oreiller, le souffle court.

– Je ne sais pas comment il s'y est pris, mais oui… Il a sans doute des complicités dans l'hôtel, c'est un homme qui fourre ses mains partout. Et maintenant, si vous voulez bien…

– Je reviendrai vous voir, Hicham. Et merci pour vos précieux renseignements. Rétablissez-vous !

Comme il était sur le seuil, le malade l'appela :

– Monsieur Corentin, chuchota-t-il, vous comptez enquêter sur sir Archibald ?

– Ce sera certainement nécessaire, Hicham. Il n'a rien à craindre s'il est blanc bleu.

– Non, en effet. C'est vous qui avez tout à craindre. Méfiez-vous ! Il a failli m'avoir. Et rien ne dit qu'il n'y parviendra pas.

Corentin referma doucement la porte et se retrouva dans le hall de l'hôpital où il appela Hervé.

– Oui ?

– Salut, vieux frère. J'ai vu votre agent.

– Alors ? Comment va-t-il ?

– Il s'en tirera, mais… j'aimerais bien que tu te débrouilles pour qu'il ait un policier en faction devant sa chambre.

– Ah bon ? À ce point-là !

– Tu dois en avoir les moyens. En tout cas, ceux d'en face les ont, si tu vois ce que je veux dire. Encore une enquête auprès d'intouchables, style aristocrate anglais homme d'affaire pourri de et par le fric…

Et Boris raconta sa conversation avant de conclure :

– Tu n'as rien pour moi, Hervé ?

– Peut-être… Mais, comme tu viens de le dire, la partie se joue chez les milliardaires. Prudence !

– Si tu arrêtais de me faire languir ! J'ai une enquête à mener, sous un cagnard qui tape sur le système. 40 degrés, ça te dit ?

– Le « Soliman »… Ce serait une boîte d'un

genre un peu spécial. Un tuyau qui nous vient du MI6[1]. Je t'épargne les détails mais tout finit par se savoir, n'est-ce pas ? Donc il semble que quelques clients de par le monde, quelques très gros clients, attendent l'ouverture imminente d'une boîte tenue par un de leurs pairs, tu imagines ?

« Un de leurs pairs « ? Corentin songea au nom qu'on venait de lui confier : sir Archibald.

– Continue, je te sens sur la bonne voie !

– Tu parles ! D'après la source, le « Soliman » serait un gynécée, un harem si tu préfères.

– Tu te fous de moi ?

– Va savoir… Allez, bye, et ma promesse est toujours valable. Si tu oublies de me tenir au courant…

– … je ne pourrai plus être client du « Soliman », je sais.

Il raccrocha sur le rire homérique d'Hervé et rentra au Palmeraie. Ses deux acolytes l'attendaient sous un parasol, en dégustant des jus de fruits dans des verres aussi vastes que des tonneaux. Leurs jus étaient aussi colorés que leur mine était grise.

– Rien ! Rien de rien ! gémit Aimé. Ces gens-là sont comme des carpes. Ou alors ils te noient dans des flots de détails.

– Même chose pour moi. Rien. Quant à interroger les clients… Je me suis fait immédiatement

1. Nom du SIS, « Secret Intelligence Service », le service de renseignements extérieurs britannique

jeter par la direction. N'oublie pas que nous n'avons aucun titre pour enquêter au Maroc. D'ici que la police royale nous tombe dessus. Et des policiers, il n'en manque pas, t'as remarqué ? De plus, les gens que j'ai pu interroger avaient la morgue aussi expressive que leur compte en banque.

– Eh bien, je n'ai pas une très bonne nouvelle. Nous allons devoir enquêter sur la morgue au carré, en l'occurrence un aristocrate anglais, sir Archibald Scanlon. Il ne devrait pas être difficile de trouver son adresse, tout le monde semble le connaître comme le loup blanc à Marrakech. Qu'est-ce que tu as, Mémé ? Tu as avalé un noyau d'orange oublié dans ton jus ?

– Un noyau d'orange ? Euh, ah bon, charrie pas. Non, vous parliez de morgue et j'ai été frappé du double sens de ce mot : la morgue de l'aristocrate et celle dirigée par notre ami légiste, le docteur Flutiaux. Vous ne trouvez pas que cela ouvre un abîme de réflexions ?

Surtout ne fais pas un pas en avant, Mémé, fit Géraldine.

– Au travail ! Il y a peut-être des vies à sauver, s'il n'y a malheureusement plus de pudeur à préserver.

Il leur suffit de demander au chasseur sur le perron pour obtenir l'adresse de l'Anglais. Boris avait décidé de ne pas le prévenir de leur visite, doutant de pouvoir obtenir un rendez-vous. Ils improviseraient sur place. Selon son habitude, il tenait à respirer l'atmosphère des lieux pour se faire une idée.

La maison de l'Anglais était d'ailleurs proche. Elle avait fait partie des villas louées par le consortium Palmeraie Resort avant d'être vendue à l'Anglais comme la plus vaste et la plus luxueuse de toutes. Ils furent pris en charge par une voiture de l'hôtel qui se rendait au meilleur restaurant du site, le Dar Ennassim, un deux-étoilé du guide Michelin. Leur chauffeur fit un détour par la palmeraie et les déposa devant une haute grille dont les deux piliers étaient flanqués des plus beaux bougainvilliers qu'ils eussent jamais vus. La profusion des grappes donnait l'impression d'une houle colorée, ou plutôt d'une cascade de bractées rouges et violettes dont le cœur était blanc. Au-delà, à travers d'autres massifs de bougainvilliers qui se mêlaient aux palmiers qui les dominaient, se distinguait une vaste maison à deux étages surmontée d'une terrasse qui ressemblait à une palmeraie miniature.

Boris appuya fermement sur le bouton noir d'un interphone, sous l'œil de deux caméras qui croisaient leurs objectifs.

L'interphone grésilla. Des mots en marocain.

– Nous voilà bien, fit Géraldine. Nous aurions dû prendre un traducteur avec nous.

– Voyons, fit Brichot, nous sonnons chez un Anglais. Parlons anglais.

Et, secrètement fier de montrer ses talents, Aimé

se mit à baragouiner son sabir. Traduit en français grand siècle, cela donnait à peu près :

– Nous souhaiterions avoir une entrevue avec sir Archibald Scanlon.

On lui répondit dans la même langue la classique réponse, celle qui en a mis tant en colère et d'autres en dépression :

– Avez-vous un rendez-vous ?

– Non monsieur, mais…

– Alors c'est impossible. Prenez donc rendez-vous.

Aimé se retourna vers ses collègues en levant les bras au ciel.

– Jette-toi à l'eau, Mémé, dis que nous voulons parler des filles. C'est en plongeant un bâton dans la fourmilière que l'on voit les fourmis.

– Tu as de ces métaphores ! Puis, se tournant vers l'interphone : nous serions très heureux de parler avec sir Scanlon de deux de ses amies : Gisèle Féraud et Laure Romani. Veuillez lui transmettre.

L'interphone resta muet un moment tandis que Géraldine remarquait :

– Vous ne croyez pas qu'être venus à trois, ça fait un peu… démonstration de force ?

– Justement, petit Bonhomme, nous n'avons plus tellement de temps. Forçons le destin.

– Sir Scanlon va vous recevoir, cracha l'interphone.

En voyant les grilles s'ouvrir automatiquement, ils eurent un sourire de triomphe. Comme ils s'avançaient dans l'allée, un homme élégant et bien bâti s'avança vers eux. Il les dévisagea avant de leur tendre la main.

– James Taylor, le butler de sir Scanlon. Que puis-je pour vous ?

– Nous désirons nous entretenir avec sir Scanlon.

– Mais qui êtes-vous ?

– C'est vrai : trois Français…

Et Boris cita leurs noms en oubliant leur fonction.

– C'est que… il est très occupé. Mais j'ai son entière confiance et traite toutes ses affaires. Si vous voulez me dire ce dont il s'agit, nous verrons pour la suite… Tenez, installons-nous sous cet arbre et profitons de la fraîcheur du bassin. Fadi !

Le dénommé Fadi apparut comme par miracle avec des rafraîchissements sur un plateau. Corentin observait Taylor, songeur. Il sentait derrière la façade policée du gentleman une violence sourde.

– Eh bien messieurs, buvons. Je vous écoute.

– Je ne vous cache pas que c'est à sir Scanlon que nous voudrions parler d'amies communes…

– Vous avez dit leurs noms, voulez-vous les répéter s'il vous plaît ?

– Gisèle Féraud et Laure Romani, deux étudiantes parisiennes.

James Taylor parut interloqué et répondit sèchement :

– Je suis au courant de toutes les affaires de mon maître et j'avoue n'avoir jamais vu ces personnes ni même entendu leur nom. À vrai dire, je ne saisis pas bien le sens de votre démarche.

« Eh bien tu vas le saisir mon vieux » se dit Boris in petto. Puis, tout haut :

– Ces deux jeunes filles ont disparu, monsieur Taylor. Il est possible que sir Scanlon soit la dernière personne à les avoir vues.

James Taylor ne put cacher un haut-le-corps.

– Êtes-vous en train de me dire que vous enquêtez sur leur disparition ? Et que vous y mêlez mon maître ? Mais à quel titre ?

– Nous sommes des policiers français de la Brigade de Répression du Proxénétisme.

Le visage du butler se ferma totalement. Boris eut l'impression qu'il rassemblait toute son énergie pour ne pas exploser. Il comprit à ce moment-là que c'était un homme dangereux. Il ne savait pas que Taylor était encore plus dangereux ! Américain, ancien des Navy Seals[1], il avait quitté l'armée pour aller torturer en Afrique du Sud avant de faire le coup de feu dans diverses révolutions du Pacifique. Il avait été condamné à mort quelque part par un régime qui avait retourné sa veste. Une intervention sanglante de dernière minute, montée

1. Peut-être les commandos les mieux formés au monde. Il s'agit de la principale Force spéciale de la marine de guerre américaine.

avec l'argent de sir Scanlon, lui avait sauvé la vie. Scanlon lui avait dit alors qu'il l'avait repéré depuis longtemps, qu'il suivait sa… carrière, et qu'il avait besoin de lui. Taylor n'avait jamais oublié ce qu'il lui devait et se serait fait tuer pour lui.

Il se pencha en avant :

– Avez-vous les autorisations d'enquêter sur le territoire marocain ?

– Mais nous n'enquêtons pas, monsieur Taylor. Nous sommes simplement venus poser quelques questions, au titre d'amis des disparues.

Boris ne pensait pas que l'autre allait avaler la couleuvre, mais mieux valait être prudent. Ils étaient, jusqu'au moment où ils trouveraient un véritable indice qui convaincrait un juge, dans l'illégalité totale. Ils étaient officiellement en vacances, le commissaire Badolini avait bien insisté sur ce point.

– Vous me voyez désolé de ne pouvoir vous aider plus. Madame, messieurs…

– Mais c'est à sir Scanlon que nous voulions parler, en réalité, glissa doucement Boris.

– C'est tout à fait impossible. Sir Scanlon…

– … est là, pour vous servir !

Un nouveau personnage apparut, enveloppé dans une sortie de bain. Œil d'aigle, belle prestance, traits creusés, teint hâlé, visage étroit, en lame de couteau, abondante chevelure presque blanche…

Sir Scanlon en imposait par son allure, en témoignait le fait qu'il restait impressionnant malgré sa tenue. Dont il s'excusa :

– Vous me pardonnerez, mais je ne renonce jamais à mon bain matinal.

Il serra la main des deux hommes, prit celle de Géraldine sur laquelle il s'inclina avec cérémonie, sans pour autant paraître ridicule dans son vêtement de bain immaculé.

– Une jolie femme est toujours la bienvenue en ces lieux !

La phrase sonna à double sens aux yeux des policiers. L'Anglais était apparemment doué d'un culot monstrueux. Boris était persuadé qu'il avait écouté toute la conversation depuis l'ombre de son salon.

– Eh bien, je suis honoré de votre visite et plus encore d'en connaître la raison.

Boris lui fit un résumé de leur conversation avec son butler. Quand il eut fini, l'Anglais l'enveloppa d'un regard indéfinissable, comme s'il voyait à travers lui jusqu'au désert aux portes de Ouarzazate, puis il se leva et s'inclina.

– Je vous ai bien écouté… je suis désolé de ne pouvoir vous aider, mais je vous souhaite tout le succès possible dans cette affaire. Vous me pardonnerez de ne pas compatir davantage mais, comme vous le savez, les réserves d'émotion d'un homme ne sont pas inépuisables et sont en général consacrées aux proches et aux amis.

Disant cela, il parut envelopper son butler d'un regard d'affection, avant de leur tendre la main.

Les trois policiers le virent se retourner, marcher vers la piscine, abandonner sa sortie de bains sur le trajet et faire un impeccable plongeon dans l'eau bleue. Quand ils se retrouvèrent de l'autre côté des grilles, Géraldine éclata :

– Non mais tu as vu !

– Je dois dire, fit Aimé Brichot sur un ton sentencieux, que nous avons été mis proprement à la porte, d'une manière définitive et incontestable. Ce type est très fort. Pour un peu, nous aurions trouvé tout cela naturel, en nous sentant fautifs de l'avoir dérangé.

– Un coup pour rien, fit Géraldine en tapant du pied. Tu parles d'une stratégie ! A propos, ajouta-t-elle, vous croyez que sir Scanlon et James Taylor se… enfin vous me comprenez ?

– Nous te comprenons, répondit Brichot, devançant quelque insanité dont Géraldine n'était pas toujours avare. Peu importe.

– Nous avons fait ce qu'il fallait faire, intervint Boris. Je suis sûr que les choses vont bouger.

Boris ne croyait pas si bien dire. S'ils s'étaient retournés, ils auraient peut-être vu James Taylor gagner le bord de la piscine et regarder son maître nager. Ce dernier, après être revenu de sa première longueur, se souleva légèrement hors de l'eau, fixa son butler dans les yeux et passa le pouce de sa main gauche tout le long de sa gorge.

Chapitre XIII

Le matin de ce même jour, Laure, encore ensommeillée de sa première nuit dans le harem, sursauta et se dressa dans le lit comme une automate. Elle ne croyait pas à la vision qui s'offrait dans la pénombre. Deux hommes étaient sur le seuil, le corps nu, les pectoraux et les biceps admirablement dessinés de même que la « tablette de chocolat » du ventre. Tous les muscles saillaient, y compris – mais était-ce un muscle, elle l'ignorait – leur sexe en érection, pointé en avant comme une figure de proue.

– Gisèle !

Elle la secoua, la prit sous les épaules, tenta de la soulever, se réfugia dans ses bras comme dans une dérisoire protection. Elle avait oublié… pour réveiller et faire se lever Gisèle quand elle n'avait pas son quota d'heures de sommeil, il fallait une bombe et une grue. Elle en était encore à grogner vaguement, comme prise dans un rêve matinal, que

Laure se sentit soulevée, écartée et brutalement envahie. Jamais personne ne l'avait prise aussi vite, aussi brutalement. Elle se retrouva collée contre la poitrine puissante, assise sur les larges mains du janissaire Osmane qui la baladait le long de son membre. Elle sanglotait et disait, sans se rendre compte qu'elle ne serait pas comprise, « Je croyais que les gardes n'avaient plus le droit de toucher les filles du harem ». Mais quelqu'un la comprit : Noura Farès, debout sur le seuil, contemplant le travail de ses gardes. Noura Farès, qui se réjouissait que la jeune Française parlât déjà des « filles du harem ». Cela voulait dire qu'elle avait intégré son nouveau statut, qu'elle était déjà résignée. Une perle, cette fille, songea Noura, facile et malléable. Elle daigna lui répondre :

– J'ai dit hier que mes gardes ne touchaient plus… à celles qu'ils avaient déjà touchées. Mais vous devez toutes passer entre leurs mains. Vous verrez… tout ce qui suivra vous paraîtra bien plus facile. Eh bien, Souleim, fit-elle à l'adresse du deuxième garde, tu dors ?

Souleim s'avança vers le grand lit, en arracha les draps, souleva Gisèle encore endormie comme si elle eût pesé un fétu de paille, s'assit sur ses jambes. Un sexe monstrueux se dressait entre ses cuisses serrées. Il écarta les jambes de l'étudiante et la planta sur lui.

Gisèle ouvrit les yeux, cria de douleur sans

savoir précisément ce qui lui faisait si mal, et la première vision qu'elle eut de la réalité de sa situation, ce matin-là, ce fut la face large, brute et fruste de son gardien, à quelques centimètres de son visage. Ça ressemblait tellement à un cauchemar qu'elle ne voulut d'abord pas y croire, elle secoua la tête comme pour en chasser les dernières brumes. Mais ce qui la pilonnait, entre ses cuisses et dans son ventre, c'était hélas du réel. Elle se débattit comme une furie, planta ses ongles dans le dos du janissaire et le griffa de toutes ses forces. On a beau s'appeler Souleim, être l'un des gardiens du dernier harem de l'histoire et peser cent dix kilos de muscle pur, on n'en a pas moins une peau fragile et satinée qui ne supporte guère le passage d'un râteau aux pointes aiguisées. Souleim grogna, souleva Gisèle et tandis que son sexe battait la mesure dans l'air, il la gifla.

Quand on s'appelle Souleim, une gifle équivaut au passage d'un ouragan dont toute l'énergie serait concentrée sur quelques centimètres carrés, précisément la surface de sa main déployée.

Gisèle tomba sur le lit, assommée.

– Imbécile ! fit froidement Noura Farès. Tu vas me l'abîmer. Et je veux qu'elle soit consciente de toutes les sensations que tu vas lui donner. Réveille-la !

Souleim partit chercher un verre d'eau dans la salle de bain et revint le lui balancer à la figure.

Gisèle suffoqua un instant et se réveilla. Ce fut pour se jeter sur le janissaire, qui ne s'attendait pas à cette réaction et qui n'eut que le temps de donner un coup sec sur les bras de la jeune étudiante pour les détourner de leur but. Voilà que cet homme trempé au feu et au fer des combats se sentait parcouru d'un frisson rétrospectif après avoir vu les ongles de Gisèle à quelques centimètres de ses yeux. Avait-elle vraiment voulu les lui arracher ?

Noura Farès restait songeuse et se demandait s'il fallait réellement présenter Gisèle dans deux jours au premier client de marque du harem, au premier de ses princes. Il était possible qu'ils mettent du temps à la dresser.

– Souleim ! gronda-t-elle. Ça t'amuse de jouer les jeunes filles effrayées ?

Le janissaire retourna brutalement Gisèle sur le ventre et l'écarta. Gisèle sentit la pesée du membre entre ses fesses. Elle tourna le visage de côté, serra les dents. Son œil ne perdait rien de sa rage et de sa volonté.

Noura contempla un moment la scène qui se déroulait sous ses yeux. Le calme inquiétant de Gisèle qui n'avait pas un gémissement et l'alanguissement de Laure, chiffe molle qui dodelinait de la tête entre les bras du janissaire. Elle comprit qu'il était inutile de poursuivre, Laure était à sa main, il valait mieux qu'elle aille au bain et au massage, sa formation était terminée.

– Osmane ! Retire-toi ! C'est fini.

Mais Osmane n'écoutait pas. Cette chair abandonnée qu'il martelait et qui était peut-être bien au bord de l'orgasme – alors qu'il aurait cru avoir à se battre au milieu des larmes – l'excitait bizarrement. Il sentait sa sève se rassembler dans ses bourses contractées avant de monter le long de son membre, et la libération qu'il en attendait lui apparut en pressentiment, comme l'un des plaisirs les plus forts qu'il allait connaître. La mégère pouvait bien gueuler, il jouirait.

Noura, voyant les tremblements du dos large et puissant, comprit ce qui se passait. C'était le moment pour elle d'affirmer son pouvoir. Toujours saisir la moindre occasion de le conforter, c'était une règle. Elle s'approcha de son garde, posa sa main sur ses épaules et le tira fortement en arrière. Tandis que Laure retombait sur le lit, aux côtés de Gisèle, Osmane chuta sur le plancher. Son sperme avait déjà commencé son ascension le long de la colonne. Il jaillit en l'air. Même Noura fut fascinée par l'événement. On eût dit le jet d'eau pulsé du bassin du jardin. La maîtresse du harem fut pourtant détournée de ce spectacle par le poids du regard qu'elle sentit posé sur elle. Il y avait comme de la haine dans ce regard. Impossible d'accepter cela. Elle détacha son fouet de sa ceinture et en cingla le corps nu d'Osmane avec une rage qui semblait inextinguible. Osmane n'eut que le temps de protéger son membre encore érigé dans la paume de ses mains. Se faisant, il offrit au fouet les flancs de ses bras. Et le fouet le brûlait comme du feu.

La chance pour le janissaire voulut que Noura fût convoquée par le butler. Elle baissa son bras et quitta le harem, aussi froide et calme que s'il ne se fût rien passé.

Dans le jardin de la villa – où les trois as de la BRP allaient être reçus quelques heures plus tard – elle trouva sir Scanlon en compagnie d'un homme qu'elle regarda avec stupéfaction. Elle le reconnut pour l'avoir vu à la télévision ou dans les journaux à scandale. Un roi de la finance qui avait fait fortune dans l'exploitation de la bauxite et la jouait en bourse à coups de millions de dollars : Angel Jordan. Elle comprit immédiatement qu'elle était en face de leur premier client. Angel Jordan allait être le pacha du harem pendant la première semaine de son existence. En quelque sorte, il allait essuyer les plâtres. Il fallait que tout soit parfait pour le futur bouche-à-oreille. Si Jordan était satisfait, tout ce que la planète comptait de très grosses fortunes serait discrètement informé, et les clients se bousculeraient.

Angel Jordan la regardait comme si elle était une mouche écrasée, et se retourna vers sir Scanlon, une expression dure et vindicative sur le visage. James Taylor s'interposa. Le métier de butler, qu'il pratiquait à la perfection, comportait l'une des tâches les plus difficiles de toutes, on l'a dit : désamorcer les conflits, gérer le mépris des grands de ce monde pour tous ceux qui n'étaient pas… eux !

– Monsieur Jordan, notre personnel est sûr à cent pour cent. Croyez-moi, le silence est d'or en ces lieux car nous sommes tous dans le même superbe navire. Considérez tout le personnel de ce navire comme son équipage, prêt à sombrer avec lui.

Un léger sourire ironique voulut bien apparaître sur le visage de l'homme d'affaires.

– Pour l'instant mon cher, il ne s'agit pas de sombrer mais de vivre. À 200 pour 100. C'est exactement ce que me rapportent mes coups à Wall Street. Sir Scanlon, fit-il en se retournant vers le maître des lieux, instruisez-moi donc dans le détail des suites de ce séjour. Je pourrai ainsi prendre la mesure des plaisirs qui m'attendent. Ils en seront d'autant plus intenses, et peut-être même à la hauteur du prix de mon séjour, qui sait ?

C'était dit avec le sourire, mais sir Scanlon dut digérer la muflerie à peine cachée. Un vrai aristocrate devait de nos jours avaler beaucoup de couleuvres et calmer son sang bleu de bien des affronts qui autrefois eussent mérité un duel au matin, dans la rosée d'une prairie.

Il instruisit donc son client, dans un anglais très pur et un style châtié dont l'autre semblait se soucier comme d'une guigne. Toutefois, il était sensible au charme du récit comme aux promesses paradisiaques de volupté qu'il savait dénombrer derrière les mots.

Pour finir, il fixa son interlocuteur d'un œil acéré.

– Sir Scanlon, si je vous ai bien suivi, vous recréez toutes les conditions de vie des anciens harems turcs. J'ai tous les droits sur les jeunes femmes qui font partie du mien, c'est bien cela ?

– Absolument, monsieur Jordan.

– Dites-moi : j'ai donc sur elles droit de vie et de mort ?

Sir Scanlon battit des yeux et James Taylor se raidit, impassible.

– Non, monsieur Jordan. C'est l'exception qui confirme la règle. Ce faisant, nous vous protégeons d'actes qui pourraient dépasser notre capacité d'en maîtriser les conséquences. Comprenez-vous ?

Angel Jordan hocha lentement la tête à plusieurs reprises.

– Dommage, mais c'est ainsi. J'eusse payé, ma foi... le double, mais laissons cela. Quand puis-je intégrer la suite qui m'attend dans ce merveilleux sous-sol ? Vous avez si admirablement fait les choses. Qui pourrait soupçonner ce qui va se passer sous la terre de ce jardin ! Et maintenant, permettez-moi de me retirer dans la suite que vous avez bien voulu mettre à ma disposition en attendant...

mais n'anticipons pas. Vous m'en avez beaucoup dit, laissons maintenant l'imagination s'emparer du pouvoir.

L'industriel s'éloigna tandis que sir Scanlon et son butler restaient face à face, muets. Mais chacun connaissait les pensées de l'autre. Taylor laissa son maître rompre le silence.

– Le double de ce qu'on lui fait payer ?!

Ils secouèrent la tête avec un synchronisme parfait, et on en resta là.

Tandis que se déroulait cette scène, Gisèle, physiquement brisée, se permit de sangloter dans les draps froissés. Souleim était parti rejoindre son compagnon d'armes devant la double porte du harem.

Mais la nature indomptable de la jeune fille la fit bientôt se relever. Elle se sentait infiniment triste. Moins des moments terribles par où elle était passée que de la défection de Laure. Elle se considérait comme trahie… non, plutôt abandonnée. Elle savait la nature de son amie fragile, mais pas au point d'abdiquer toute personnalité et de se livrer à un plaisir dont elle semblait assoiffée à la manière d'une nymphomane. Gisèle n'aimait pas les pantins, même si elle concevait parfaitement qu'il y eût de par le monde des natures douces et conciliantes. L'esprit de conciliation avait tout de même des limites. Ou alors, était-ce déjà ce fameux syndrome de Stockholm ? Il commençait bien vite chez Laure. Où étaient donc passées leurs années de complicité ? S'était-elle trompée à ce point sur la vraie nature de son amie ? Elle mit le doigt sur la nature du sentiment qui l'abattait bien plus que l'adversité : une déception. Une immense déception.

Elle sortit de leur chambre et s'avança jusque dans la zone du spa, où elle trouva Laure qui se prélassait dans le jacuzzi. Elle l'y rejoignit, le visage fermé. Quant à celui de Laure, il étincelait. Furieuse, Gisèle éclata :

– Tu n'es qu'une pute, ma chère. Une pute qui mérite ce qu'il lui arrive. Et encore ! Tu ne seras jamais assez punie ! Je suis restée combien de temps avec ce cinglé ?

– Il va être près de midi. Et je te pardonne ce que tu viens de me dire. Bientôt tu changeras d'avis.

– Tu peux toujours rêver, ma chère. Tu sais le plus grand des mystères ? Ce qui m'a attirée chez toi ! Je n'arrive plus à te trouver le moindre charme, le moindre intérêt. Tu es là à te dorloter… qu'est-ce que tu as fait pendant tout ce temps où ce tordu m'a baisée et laissée à moitié morte ? Tu n'as pas quitté ce foutu jacuzzi de toute la matinée ? Un petit massage peut-être, pauvre chérie !

– J'étais avec Noura Farès.

– Pardon ?

– J'étais avec Noura. Il semble que je lui plaise.

Gisèle sentit une rage folle l'obscurcir.

– Tu veux dire que…

– Oui ! Je veux dire que… Elle m'a sucée et je lui ai rendu la pareille. Après elle s'est attaché un gode autour de la taille et elle m'a prise très fort. Ensuite elle m'a dit qu'il y aurait peut-être une place à prendre qui adoucirait beaucoup mon séjour ici.

Gisèle n'eut soudain plus le courage de continuer sa colère. Il est des seuils ou celle-ci est éteinte par l'incompréhension comme une bougie qu'on souffle. Elle se contentait de contempler sa copine devenue une véritable étrangère.

– Quelle place ? murmura-t-elle avec une voix découragée.

– Mais tu sais bien ! Peut-être celle de la Suédoise, Solveig. Si l'Albanaise… comment s'appelle-t-elle déjà… Liriana ! Si Liriana nous a dit vrai, c'est elle qui est le mouton du harem. Mais peut-être que Noura n'a plus confiance en elle.

– Et bien sûr, elle a confiance en toi ! grinça Gisèle.

Laure se rapprocha et posa la main sur la cuisse de son amie.

– Ah non, je t'en prie ! Ton simple contact me fait horreur !

– Mais j'ai quelque chose à te dire. Écoute…

Elle s'interrompit. Une cloche au son harmonieux et profond sonnait dans le harem. Elles se retrouvèrent toutes les trente dans une salle à manger où le déjeuner fut consommé en silence. Après quoi, Noura Farès les rassembla dans le salon de réception, autour du grand bassin, et les exercices fastidieux pour la plupart, totalement nouveaux pour les deux Françaises, commencèrent. La haine de Gisèle revint intacte, brûlante, quand elle entendit le discours de la maîtresse du harem.

– Mesdames, le grand jour est pour demain. Un prince revient de son long voyage et réintègre la place qui lui revient en ces lieux. Vous devrez le servir de toutes les façons possibles. Mais l'une de ces façons consistera à charmer son esprit. Ne croyez pas que les princes arabes et d'Orient étaient des personnages incultes. Ils ont toujours largement valu les Médicis ou les Visconti, savaient s'entourer d'artistes et diffuser leur culture dans le vaste monde, jusque dans notre Occident si fier de ses savoirs !

– Je ne vois pas très bien ce que votre prince va pouvoir diffuser comme culture ! Votre harem foyer culturel ? Le ridicule ne doit pas vous tuer !

– Tu es folle ! murmura Laure à son amie.

Noura se sentit devenir intérieurement comme un glaçon aux arêtes vives, mais elle ignora l'interruption. Le reste du harem, figé dans son esclavage, ne comprit même pas ce qui était en jeu.

– Donc, chacune d'entre vous va chanter un air

traditionnel de son pays. Kristbjörg, commencez, chantez-nous cette ballade islandaise que vous possédez admirablement.

La dénommée Kristbjörg parut se rengorger et commença d'une assez jolie voix haut perchée, presque flûtée.

Ce fut ensuite toutes les pensionnaires du harem qui se succédèrent dans cet étrange récital. Lorsque vint le tour de Gisèle, elle resta bouche close. D'une certaine manière, la colère de Noura était soudain fort petite devant l'intérêt nouveau qu'elle prenait à la situation. Elle ne se souvenait pas qu'on lui eût jamais opposé pareille résistance. Et le désir la submergea de relever le défi, de briser définitivement le tempérament de cette Française. En employant tous les moyens. En en inventant au besoin… Déjà lui venaient quelques idées… Elle se rendit compte qu'elle était partie fort loin, et que son public la regardait, perplexe. Elle se reprit, s'adressa à Gisèle :

– Nous vous remercions de votre prestation, mademoiselle. Et vous, Laure, qu'allez-vous nous chanter ?

Si Gisèle avait encore eu le moindre espoir dans les velléités de révolte ou simplement dans la dignité de sa compagne, ils furent effacés lorsqu'elle l'entendit entonner « À la claire fontaine ». Elle l'écoutait dans un ébahissement complet, ne sachant si ce spectacle était le plus grotesque ou le plus triste du monde.

Quand toutes eurent chanté, Noura fit quelques remarques et conclut :

– L'après-midi est libre. Reposez-vous car ce soir nous ferons la dernière répétition du ballet d'accueil que vous allez danser demain pour votre prince.

Les deux Françaises se retrouvèrent dans leur suite. Gisèle s'allongea sur le lit, le visage comme un mur de béton. Laure vint s'asseoir à côté d'elle et posa la main sur la cheville de son amie.

– Gisèle !

Mais Gisèle regardait froidement cette main sur sa cheville. Laure devança les paroles qu'elle sentait lui venir aux lèvres.

– Gisèle. J'ai le droit d'entrer dans les cuisines.

La jeune étudiante la regarda comme si sa copine devenait folle.

– Qu'est-ce que tu dis ?

– Que j'ai un accès aux cuisines.

– Mais qu'est-ce que tu veux que ça me foute !

Les yeux de Laure étincelaient. Gisèle la regardait, encore perdue, effarée, ne comprenant plus rien. Puis, elle ouvrit grand ses yeux…

– Oui, dit doucement Laure, j'ai accès aux cuisines. Aux couteaux…

– Aux fourchettes à gigot, aux poêles à frire, aux…

Gisèle éclata dans un mélange de sanglots et de

rires mêlés et tomba dans les bras de son amie. Elle ne savait que balbutier :

– Laure ! Oh Laure !

Cette dernière la repoussa doucement.

– Tu comprends ! Tu as tout de suite adopté le comportement d'une révoltée irréductible. Alors j'ai songé à ces duos de flics qu'on voit dans les polars. L'un est un dur de dur, menace et cogne, l'autre est doux comme un agneau, adresse des reproches muets à son collègue et offre des cigarettes au présumé coupable dont les lèvres gonflent sous les coups.

Gisèle écoutait sa copine retrouvée avec une sorte d'adoration décuplée.

– Oui, oui, disait-elle avec des hoquets, continue, raconte !

– Mais c'est tout ! Je me suis dit qu'en me montrant telle que tu m'as vue depuis vingt-quatre heures, j'endormirais la méfiance de cette garce de Noura et je mettrais quelques atouts dans ma manche. Je te laissais faire la dure et je jouais les molles qu'un rien apeure.

– Et dire que je doutais de toi ! Tu me pardonnes ?

– Je te pardonne mais aide-moi. J'ai l'impression d'avoir atteint mes limites. Je peux t'apporter de grands couteaux de boucher mais je ne sais pas qu'en faire !

– Réfléchissons, calmement ! Bâtissons un plan.

Mais il ne faut pas se tromper. Je crois que nous n'avons pas droit à l'erreur.

Chapitre XIV

James Taylor tendit sa main, que sir Scanlon agrippa. Le butler tira et sir Scanlon sortit de la piscine, ruisselant. Taylor s'empara d'une grande serviette de bain, en entoura le corps de son maître et l'essuya.

– Comment comptes-tu t'y prendre, James ?

– Sir, trouvez un prétexte pour les faire venir ici. C'est le seul moyen ! Tout le reste est trop risqué, et la police marocaine trop sensible. Nous avons l'oreille de certains, mais ce n'est pas suffisant pour un coup pareil. Ici nous n'aurons aucune difficulté pour faire disparaître ces trois policiers.

– Tu as raison, fit sir Scanlon. Que pouvons-nous leur dire, voyons… Que nous avons retrouvé les filles… Non, c'est trop gros. Il ne faut pas qu'ils se méfient.

– Si vous me permettez, sir…

– Va. C'est toi le butler. Voilà une situation digne de ton talent.

– Il ne faut pas compliquer. Dites-leur que vous avez réfléchi, et que vous voulez bien communiquer certaines informations susceptibles de les aider.

– Oui… mais j'y songe : si un seul d'entre eux revient ici ? Tu vois le problème ? Comment être sûr de les faire revenir tous les trois ?

– C'est simple, sir. Commencez par les inviter à une soirée. Dès ce soir. Insistez comme vous savez le faire. Faites-leur miroiter quelque chose d'exceptionnel, ne serait-ce qu'un plat rare. Ou un vin… Ces Français ne songent qu'à manger et à boire. Dites-leur que vous ouvrez ce soir un Romanée-Conti 1985.

Sir Archibald posa sa main sur l'épaule de son butler.

– Je ne me suis pas trompé quand je t'ai tiré des griffes de ces fantoches révolutionnaires. Je trouve pourtant que tu ne ménages pas ma cave. Un Romanée-Conti 1985 ! Pour arroser trois bobbies !

James Taylor sourit et eut un geste vers la main qui pesait sur son épaule.

– Il faut parfois savoir y mettre le prix, sir. Mais après tout, peut-être qu'un Richebourg suffirait…

– Allons, allons, ne mégotons pas. Comment comptes-tu… ?

– Je m'en occupe, sir.

Sir Scanlon hocha la tête. Après tout, il n'était pas sûr d'avoir envie de connaître la manière dont son butler allait exécuter les trois policiers. Un aristocrate ne perd pas du temps dans les détails.

– Dis-moi encore… Euh… Ne pourrions-nous pas faire d'une pierre deux coups ?

James Taylor resta un long moment silencieux, puis répondit avec une déférence qui n'avait rien de servile :

– Sir, je suis bon dans mon métier. Vous êtes le meilleur à votre place.

Sir Archibald sourit et laissa partir son butler. Il se caressa la joue et le menton, toujours chez lui le signe d'une intense réflexion, puis appela Noura Farès.

– Noura, dit-il quand elle se montra dans le jardin, allez demander à notre hôte s'il est disponible pour un bref entretien. Précisez-lui que son objet ne saurait que le satisfaire. Vous y assisterez également.

Noura revint bientôt accompagnée d'Angel Jordan, drapé dans une sortie de bain arrondie par sa bedaine flasque. Sir Scanlon se crispa. Il détestait à la fois ce sans-gêne et les bedaines flasques.

– Monsieur Jordan, il est possible… possible, oui, que nous puissions accéder à votre ultime désir.

Angel Jordan braqua sur son interlocuteur les mêmes yeux avec lesquels il terrorisait ses conseils d'administration.

– Vraiment ? Songez-vous à lever cette… cette

restriction dont vous m'aviez fait part dans le pouvoir d'un pacha sur son harem ?

– J'y songe. Il faudrait simplement que vous soyez encore intéressé, et ferme sur les nouvelles conditions de votre participation financière. Par ailleurs, je dois à l'honnêteté de vous préciser que dans le mouvement même de ma levée de restriction, il en demeure une petite, oh, toute petite…

– Laquelle ?

– Vous n'aurez pas le choix de la personne. Je vous la désignerai.

Angel Jordan sortit un cigare, un coupe-cigare et un briquet Dupont de la poche de sa sortie de bain, fit soigneusement les gestes qu'il fallait pour que le bout du cigare s'embrase sur une première bouffée, et lâcha froidement :

– Vous savez à quoi je songe, sir Scanlon ? J'ai le sentiment persistant, oh, depuis quelques secondes, que je vous rendrai un service en cette affaire. Des années de pratique dans mes métiers m'ont enseigné qu'en affaires, il est bon que tout service soit payé son juste prix. J'accepte volontiers votre proposition, mais la mienne, dans son aspect financier, sera diminuée de trente pour cent. Qu'en dites-vous ?

Si sir Scanlon avait eu sa liberté de parole, il en eût dit que l'industriel pouvait aussi bien se faire empaler du cul jusqu'à la bouche sur un pieu que l'aristocrate eût lui-même affûté et recouvert de pâte au piment. Au lieu de quoi il s'inclina :

– Le marché me paraît équilibré, monsieur Jordan.

– Dans ce cas !

L'industriel rejoignit sa suite tandis que Noura, qui avait assisté à tout l'entretien sans rien comprendre, n'était plus qu'un grand point d'interrogation devant son maître.

– Viens ici, Noura, que je te mette au courant.

Et tandis qu'elle s'installait sur le rebord d'une chaise, tandis que la main de sir Scanlon parcourait la géographie érotique de la maîtresse du harem, la bouche de sir Archibald expliquait :

– Ma chère Noura, trois personnes vont venir ce soir pour une petite fête privée que je donne… disons en leur honneur. Parmi ces trois personnes, une femme. Elle intègrera le harem ce soir…

– Mais, sir ! Elle ne sera pas formée !

– Pas de « mais », Noura. Elle n'aura pas besoin de l'être. En revanche, elle passera la nuit attachée sur son lit et sous la surveillance d'Osmane, Souleim assurant seul la garde des portes.

– Maître ! (Noura se jeta à genoux, elle avait tout compris). Tenez-vous vraiment à aller aussi loin ? Croyez mon expérience, croyez mon intuition. Elle fut si souvent juste. Je pressens des malheurs trop précoces sur cette maison. Ne tuez pas, je vous en conjure !

– Allons allons, petite folle. N'aie aucun souci et

laisse faire. Tu n'as pas à t'occuper de cela. James assurera les opérations.

Noura quitta son maître avec une angoisse au ventre qui ne la lâcha plus.

CHAPITRE XV

Après l'entretien en forme d'échec qu'ils avaient eu avec sir Scanlon, les trois policiers de la BRP étaient revenus en remâchant leur déception. Soudain, ils ne savaient plus par où reprendre cette enquête qui n'avait jamais réellement commencé. Après s'être réunis sous un parasol du jardin de l'hôtel, le doute avait même largement envahi l'esprit de chacun. Géraldine résuma l'opinion générale en disant :

– Si l'on y réfléchit, nous nous sommes lancés dans cette aventure sans un seul biscuit. Rien ! Juste des prémonitions, des intuitions. Je sens que de retour au bureau les collègues vont m'appeler madame Irma. Et je n'ose penser à l'accueil de Baba.

Brichot grommela :

– Prémonitions, prémonitions… et mon postérieur, c'est du gallinacé ? Il y a tout de même eu la chute mortelle de Monsieur Jo, paix à son âme vile et noire ; le voyage non programmé de ces filles qui déménagent sans laisser d'adresse…

– Broutilles que tout cela, mémé et tu le sais bien, rétorqua Corentin. Géraldine a dit la vérité : nous sommes allés trop vite. Et nous enquêtons sans autorisation.

– Non, fit Brichot en souriant. Nous sommes officiellement en vacances, ne l'oublions pas.

Corentin se leva brusquement.

– Où vas-tu grand chef ?

– Détendez-vous, commandez des jus de fruits, moi l'inaction me pèse, et je vous rappelle que par notre faute, un agent marocain de la DGSE se relève d'un empoisonnement. Je vais aller le voir. Peut-être un détail lui reviendra-t-il en mémoire ? Mais mon geste est avant tout humain !

– Va, pèlerin des Droits de l'Homme, va et sois récompensé de ton dévouement, ironisa Brichot affectueusement. Nous t'attendons. Et ne crois pas que le meilleur jus de fruits au monde nous empêche de réfléchir. Tiens, je te parie que nous allons avancer !

Corentin parti, Aimé et Géraldine jugèrent qu'il n'y avait pas lieu de se sentir coupable en prenant quelque plaisir à boire et à se baigner. L'après-midi s'écoulait lorsqu'un chasseur de l'hôtel vint les prévenir qu'ils étaient attendus dans le hall de l'hôtel.

Corentin passa une heure au chevet de Hicham Eddine mais il n'apprit rien de neuf. Il avait été heureux de voir que Hervé, depuis Paris, avait pu affecter un garde à la porte de la chambre du malade, mais il doutait qu'aujourd'hui Hicham eût à craindre pour sa vie. Il faillit dire « hélas » pour lui-même. Sa conviction sur la sécurité d'Hicham était le signe que cette affaire s'enlisait dans la banalité ou même le non-sens.

Il prit congé de l'agent et retourna lentement vers l'hôtel. Il passa par les rues de la médina en pestant contre les petites motos et autres mobylettes qui sillonnaient jusqu'au moindre passage. Il fallait constamment se tenir sur ses gardes et se plaquer contre les façades. Quant aux mobylettes, certaines étaient antédiluviennes mais roulaient tout de même pleins gaz. Il fallait croire que ces jeunes Marocains étaient de sacrés bricoleurs. On en voyait d'ailleurs sur le pas de quelque porte, avec devant eux les pièces de leur engin désossé.

Corentin parvint sur la place Jemaa-el-fna où il fut sollicité par les montreurs de serpents. Il savait qu'il ne fallait pas les toucher. Non qu'il y eût un quelconque danger. Mais toucher c'est déjà accepter de payer. Il fut poursuivi par une jolie gamine d'une douzaine d'années qui lui tendait la main, paume ouverte vers le ciel. Comme il accélérait le pas, sachant que s'il donnait, il n'en finirait plus, la gamine se mit à courir, avec une persévérance extraordinaire, comme si elle fût prête à le suivre jusqu'au bout du monde. Il craqua donc avant d'avoir fait le tour de la Terre, se fouilla et trouva une pièce de deux euros qu'il déposa dans sa main. Satisfaite, la gamine interrompit sa course et admira la pièce, puis s'éloigna à toute vitesse.

Comme Corentin arrivait au bord de la place, où quelque chose comme cent calèches attelées attendaient le touriste, une autre gamine vint à lui, devançant par sa vélocité une petite armée d'enfants à quelques mètres derrière elle, et lui tendit résolument la main, l'air si convaincu de l'aumône qu'elle méritait, que Boris comprit toute l'affaire. Il s'était répandu dans la médina qu'un gogo de Français distribuait ses pièces à tout va.

Voyant qu'il approchait de la station de taxi, il se fouilla une deuxième et dernière fois. Il lui restait une pièce d'un euro qu'il déposa dans la paume de l'enfant. Cette dernière regarda la pièce et se mit à l'incendier dans un sabir qu'il comprenait parfaitement. Il est des moments où l'on est naturellement polyglotte, où le sens des mots traverse toutes les barrières sémantiques. Par exemple des jurons bien sentis avec l'expression qui les accompagne et la contextualisation. Qui en l'occurrence se résumait chez les deux gamines à un authentique sentiment d'injustice, peut-être le sentiment auquel l'enfance était le plus sensible. Boris était capable de se mettre à leur place. Il sourit, échappant au lynchage en se réfugiant dans son taxi. Sur le chemin du retour vers le Palmeraie Golf Palace, son portable sonna. C'était Brichot qui, prenant un ton de mystère, lui dit :

– Devine qui est venu nous voir à l'hôtel ?

– Sir Scanlon bien sûr !

– Shit ! On ne peut jamais te surprendre, c'est agaçant à la fin. Bon, rapplique, nous sommes invités à une soirée chez lui. Le lord m'a laissé entendre qu'il pourrait peut-être nous aider. En fait j'ignore ses motivations. Nous sonder ? On ne peut pas laisser passer l'occasion de fouiller cette maison dans la foule des invités. Qu'en penses-tu, commandant ?

– J'en pense qu'il faut accepter. J'arrive. Si le tacot dans lequel je suis monté veut bien faire galoper ses chevaux.

– T'es pressé, monsieur ? fit le chauffeur de taxi hilare. Fallait le dire !

Quelques minutes plus tard, Corentin s'éjectait du taxi devant le perron du Palmeraie après avoir frôlé dix fois la mort et vingt fois l'infarctus.

Tous les trois se changèrent pour le dîner puis le départ se fit dans une grosse limousine de l'hôtel qu'on leur mit à disposition, avec chauffeur. Brichot était soufflé par ce déploiement de services.

– Je n'ai pas réussi à compter leur parc de voitures, Boris. Dix, douze…

– Oh ! fit Boris en constatant le visage tendu de

Géraldine. Quelque chose qui ne va pas, Petit Bonhomme ?

– Je ne sais pas, Boris, je ne le sens pas. Si c'était un piège ?

– Tu déraisonnes ! Un lord anglais, dans une réception haut de gamme, nos hôtes du Palmeraie qui savent parfaitement où nous nous rendons… Que veux-tu qu'il nous arrive ?

– Tu as raison, c'est stupide. Ça doit être l'inaction qui me fait voir tout en noir. Et puis…

– *What else* ?

– Nous n'avons pas d'arme…

– Ça ma belle, c'est impossible. En territoire étranger ? Avec une police marocaine dont on connaît l'efficacité !

– Elle n'a pas empêché l'attentat du printemps place Jemaa-el-fna !

– Allons !

Il lui tapota la main affectueusement.

Ils furent rendus en un quart d'heure devant la demeure de sir Scanlon. Les angoisses de Géraldine revinrent au galop lorsqu'elle nota l'absence de toute voiture. Où étaient les autres invités ?

Le maître des lieux les accueillit avec une amabilité éclatante, s'avançant vers eux les mains ouvertes et tendues.

– Vous êtes un peu en avance, mais le plaisir n'en sera que plus grand de nous livrer aux joies de la conversation en petit comité.

– En avance ? Vous nous voyez désolés mais n'était-ce pas dix-neuf heures ?

– Alors, fit sir Archibald, ce doit être moi qui me suis trompé. Je croyais avoir dit vingt heures mais quelle importance ! Profitons de la vie tant qu'elle nous appartient ! Allons, suivez-moi dans le jardin.

Tout alla très vite. Sir Scanlon se déroba, un pas dans le salon. James Taylor fut là, et puis deux malabars qu'ils eurent à peine le temps de voir, surgis comme le malheur, sans crier gare… des morceaux de ciel qui leur tombaient sur la tête…

Quand ils refirent surface tous les trois, ils étaient ligotés, couchés sur le tapis du salon. Le canapé était occupé par sir Scanlon et le butler, qui attendaient leur réveil endolori.

Corentin regarda ses collègues, vit qu'ils se portaient aussi bien qu'on pouvait y prétendre en ces circonstances, remarqua sur la table basse en marbre leurs papiers d'identité soigneusement étalés, et éclata d'un grand rire.

– Voulez-vous nous confier la raison de votre hilarité, commandant ? Le rire se partage, comme vous le savez. Il y va du simple savoir-vivre.

– Savoir-vivre ? Je crois bien que nous allons devoir, mes collègues et moi-même, mobiliser tout ce savoir dans les heures qui viennent. N'est-il pas ?

Sir Scanlon approuva d'un mouvement du menton.

– J'aime bien les hommes de votre trempe, monsieur Corentin. Dommage… mais dites-moi, vous ne m'avez toujours pas confié les motifs de votre hilarité. Et ma curiosité est partagée par vos compatriotes.

– Je vais vous dire : nous devisions entre nous il n'y a pas une heure sur le vide de cette affaire. Nous n'avions rien à nous mettre sous la dent. Et voilà que vous nous offrez la plus belle des confirmations. Il s'agissait bien d'une grosse affaire sur laquelle nous avions mis nos nez de fins limiers. Dites donc ! Trois flics d'élite français, vous n'y allez pas de main morte, Archie !

Sir Scanlon eut un haut-le-corps.

– Oh, reprit Corentin, vous ne croyez tout de même pas que je vais continuer à vous donner du « sir » ! Noblesse oblige ! Vous le savez. Et vous avez démérité, Archie. La reine vous a peut-être anobli dans l'ignorance de votre nature, moi je vous rétrograde. Vous n'êtes pas même digne de cirer des pompes sur la place Jemaa-el-fna.

– Allons, fit sir Scanlon, appelez-moi comme bon vous semble. Je ne vous verrai plus ni ne vous entendrai, je vais me retirer dans quelques instants. Bon vent pour la suite !

– Archie, voyons ! Ne vous fâchez pas ! Dites-nous au moins ce dont il s'agit avant que vous ne disparaissiez.

– Avant que *vous* ne disparaissiez ? Après tout !

Il leur exposa son projet et tous trois comprirent peu à peu que l'Anglais avait un grain. Comme beaucoup de fortes personnalités, il avait appris à vivre avec, et même à l'utiliser à son profit, ce grain… dont il faisait du gain. Au fond, les psychanalystes ne font pas autrement. Tous givrés, autant ou plus que leurs patients, mais eux savent comment *composer* avec leur névrose.

Après quoi, sir Scanlon retiré dans ses appartements, ils furent trois à s'occuper d'eux : James Taylor, Osmane et Souleim.

On les mit en sous-sol dans ce qui ressemblait à un local technique disproportionné.

– Dites donc, James, fit Corentin, on se croirait dans la salle des machines d'un paquebot. À quoi ça sert, tout ça… ah, j'ai compris. Il en faut de la machinerie pour alimenter en climatisation et en eau un harem souterrain. Dites donc, vous avez combien de filles dans les soutes ?

James Taylor ne répondait pas, se contentant avec les deux janissaires de vérifier leurs liens et de les menotter à des tuyaux gros comme des pipeline. Corentin se fit sérieux.

– Monsieur Taylor, vous risquez très gros dans cette affaire et vous le savez. Réfléchissez !

Mais il n'obtint pas un mot de l'Américain. Ils furent bientôt seuls dans une pénombre seulement trouée par les quelques témoins lumineux des machines, qui clignotaient comme autant d'yeux de bêtes autour d'eux.

Il y eut un moment de silence pesant.

– Mémé, finit par dire Boris, ça va ?

– Moi oui. Mais je m'inquiète pour Géraldine. Pourquoi ces truands ne l'ont-ils pas laissée avec nous ?

Nouveau silence, puis :

– Ecoute, Mémé, je préfère ne pas te répondre. Et ne laisse pas galoper ton imagination. Trouve-nous un moyen de sortir d'ici.

– Tu ne crois pas que nous sommes au bout du chemin, Boris ? Qui pourrait bien nous aider ?

Boris fut impressionné par la lassitude du ton qu'avait pris son ami mais n'en laissa rien paraître.

– Aimé ! Mettons-nous à deux pour réfléchir.

Chapitre XVI

Géraldine était seule dans l'obscurité d'une vaste chambre du harem. Par la porte entrouverte, elle distinguait le dos massif d'Osmane préposé à sa garde. Noura Farès était venue la voir tard dans la soirée. Elle s'était présentée comme la maîtresse du harem et lui avait expliqué qu'elle serait livrée demain au premier client du gynécée. Mais elle n'en avait pas dit plus. Et sa voix de femme forte et dure tremblait légèrement. Géraldine avait essayé en vain de l'apitoyer, de faire tour à tour appel à ses sentiments humains et au danger qu'il y avait à séquestrer trois policiers français, mais rien n'y avait fait. Noura semblait emmurée dans sa mission. Elle lui dit simplement, d'un ton presque compatissant :

– Dormez maintenant.

Noura sortit de la suite et prit à travers le grand salon-patio. Elle était comme chez elle dans cette obscurité, elle aurait pu sillonner le harem les yeux bandés. Elle entendait murmurer dans son bassin le jet qu'on ne coupait jamais, et les gouttelettes qui retombaient en pluie, faisant chanter l'eau alentour. Comme elle approchait de l'un des palmiers qui faisaient comme un cercle de verdure autour du bassin, elle eut une impression bizarre, trouva que son tronc avait épaissi. Puis elle vit la masse du tronc se dédoubler. Deux troncs sombres… elle ne comprenait pas. L'instant d'après, elle porta les mains à son ventre et s'agrippa. Mais que pouvait-elle bien tenir entre les mains qui commençaient à se poisser ? Elle finit par distinguer un manche qui sortait de son ventre. Elle releva la tête. Le visage de Gisèle accrochait un peu de lumière venue du flambeau d'un couloir. Elle l'entendit dire : « Crève, salope ! ». Elle se tenait à deux mains au manche du couteau et reconnut le grain serré du service de coutellerie de prix qui ornait l'un des murs de la cuisine. Elle bascula en arrière et tomba dans le bassin dont l'eau s'assombrit lentement.

Laure rejoignit Gisèle en tremblant.

– Ce n'est pas le moment de flancher, Laure, nous avons du travail sur la planche… à boucher ! Donne-moi un autre engin.

Laure s'était instituée porte-couteau, elle avait affirmé qu'elle était incapable de faire plus et la plaisanterie que venait de faire Gisèle l'avait glacée. Elle lui tendit un grand couteau à découper. Gisèle l'examina, inquiète.

– Il va falloir que je frappe de toutes mes forces pour qu'il rentre. Peut-être que ces gorilles ont le cuir plus dur qu'il n'y paraît.

Laure se pencha vers elle.

– J'ai une autre idée.

Qu'elle lui exposa en chuchotant. Quand elle eut fini, Gisèle la regarda avec un intérêt renouvelé.

– Tu es la fille la plus folle que je connaisse, sous tes dehors de midinette. Chaque fois que je vais loin, tu vas plus loin encore. Essayons !

Laure partit en avant vers la chambre de la nouvelle venue. Tout le harem était au courant de cette arrivée inopinée. Il se disait que la fille était rousse, sublime, et attachée sur sa couche pour la nuit.

Quand elle fut suffisamment proche, Laure se déshabilla et commença à marcher sur le dallage en gémissant, d'abord doucement, puis de plus en plus fort, la main entre les jambes. Elle arriva auprès du janissaire qui la regardait, les yeux écarquillés. Il n'avait aucune crainte, il était bien placé pour savoir que la gamine était au poil, très participative et déjà la chouchoute de Noura. Mais quand il la vit se tordre devant lui sous le plaisir qu'elle faisait naître de ses doigts, il se dit que personne ne serait au courant d'une petite entorse au règlement. Il s'avança d'un pas contre elle et la prit aux épaules. Comme une chatte en mal d'amour, Laure se colla à lui, passant l'une de ses jambes nues entre les siennes. Quand elle estima que cette jambe était bien en place, elle mit ses mains sur les épaules du janissaire et poussa de toutes ses forces. Osmane tomba en arrière. Couchée sur le sol, Gisèle tenait à deux mains, lame dressée vers le plafond, le grand couteau à découper. Le dos d'Osmane sembla s'arrêter à dix centimètres du sol, l'effet en était plus qu'étrange, puis comme s'il était couché sur un coussin d'air dont on diminuait la pression, le corps entier du janissaire gagna le sol, centimètre par centimètre, jusqu'à reposer sur le dallage. Gisèle se redressa en sueur, jeta un œil sur le géant et eut pour lui une brève épitaphe :

« Comme ça mon vieux, tu sauras l'effet que ça fait d'être embroché. »

À ce moment-là, pour un observateur extérieur, les deux jeunes étudiantes lui eussent paru deux succubes tout droit sorties de l'enfer et proprement terrifiantes : visages pâles et figés, d'une dureté minérale, et des éclaboussures de sang partout.

C'est dans cet horrible équipage qu'elles délivrèrent Géraldine, se présentèrent hâtivement, tandis qu'elle-même faisait état de son grade dans la police. Elle vit les deux étudiantes se regarder, muettes et soudain décomposées, les suivit, constata le double carnage et se retourna vers elles :

– C'est votre œuvre, les filles ?

– Mais…

– Eh bien dites donc ! Ils vous donnent de drôles de cours, à la Sorbonne. Je savais que les programmes avaient changé, mais à ce point… Maintenant, écoutez-moi : où pensez-vous qu'on ait pu séquestrer mes deux collègues ?

Gisèle haussa les épaules mais Laure n'eut pas une seconde d'hésitation.

– Dans la salle des machines.

Gisèle sourit :

– Laure est une privilégiée dans le harem. Elle connaît les lieux à fond, vous pouvez lui faire confiance.

– Alors menez-moi à cette salle ! Vite !

Le trio eut tôt fait de retrouver les deux policiers.

– Mince, fit Corentin en examinant les deux étudiantes. On dirait un conte de fées.

Laure papillonna un instant des yeux et Gisèle rit sous cape. La voilà qui était déjà empoignée par son goût du beau mâle.

Géraldine grimaça en voyant les menottes qui attachaient ses collègues, puis elle trouva quelque part sur le sol un bout de fil de fer. Cela suffisait amplement pour ouvrir leurs liens d'acier.

– Sortons vite de cet enfer, dit Géraldine.

– Un moment, petit Bonhomme. Quelque chose m'intrigue depuis que je suis au repos forcé dans cette fichue salle. Des lumières, tu vois. De petits témoins, là-haut, dans cette espèce de mezzanine près du plafond. Des lumières qui n'ont rien à faire là.

Boris effectua une manœuvre de commando

classique, sautant pour s'accrocher au plancher puis se balançant et lançant ses jambes en avant pour les recourber ensuite, poussant sur ses bras pour finir à plat ventre sur le sol, tête dans le vide.

D'en bas, tous l'entendirent pousser un sifflement.

– L'installation est entièrement minée. Archie a prévu tous les cas de figure. Eh bien on va lui faire une sacrée surprise !

Corentin s'était convaincu que le système de détonateurs était simple, sans coup fourré du style je coupe le fil bleu, ou le rouge… et tout saute. Il arracha méthodiquement tous les fils puis se reçut souplement un étage plus bas.

– En route ! Laissons les malheureuses du harem dans leur sommeil. Si l'on crée la panique, on les aura sur les bras. Et rejoignons Archie et James pour le petit déjeuner. J'espère qu'il a prévu suffisamment de croissants pour cinq affamés… que dis-je, pour trente-trois !

– Il reste Souleim, prévint Gisèle. Il se tient de l'autre côté de la porte du harem.

– Souleim, hein ? fit Géraldine. Un type du gabarit de celui que tu as gentiment couché sur un matelas de fakir ?

– Peut-être plus costaud encore…

– Quelle tactique ? demanda Brichot. Y a pas un bon vieux flingue dans cette thurne ?

– Laisse faire les filles, fit Géraldine. Tu leur

donnes un bon couteau et tu vas voir le boulot qu'elles *abattent* !

– Bah, fit Corentin. Laissez-le-moi. Je suis plutôt remonté. En général, ces gros tanks ne savent pas se battre.

Les deux filles furent chargées de tirer brutalement les battants de la porte. Après quoi, alors que Souleim n'avait pas achevé de se retourner, Corentin se jeta contre lui avec cœur, de tous ses quatre-vingt-huit kilos de muscle sans aucune once de graisse. Il n'attendit pas que le monstre se relève. Il avait déjà positionné ses doigts sur les carotides tandis que Brichot aidait à la manœuvre, assis sur les fesses du janissaire.

Ils gagnèrent le jardin et y trouvèrent sir Scanlon et son butler qui devisaient.

– Je suis désolé, Archie. On a pas fait très attention et il y a un peu de ménage à faire. Rien dont une bonne éponge… et un grand fourgon mortuaire ne puissent venir à bout.

Corentin admira le sang-froid de l'Anglais qui le regarda une longue minute avant de dire calmement :

– Commandant, j'ai toujours été un joueur. Un authentique joueur, c'est-à-dire quelqu'un qui sait perdre.

Il mit la main à la poche.

– Archie, si j'étais vous, je ne ferais pas ça !

– Voyons ! J'appelle simplement mon avocat.

L'Anglais sortit un téléphone portable. De son poste, Corentin sourit en voyant que sur la face avant du petit appareil, il n'y avait qu'un bouton rouge. Archie l'enfonça.

– Je vous avais dit de ne pas le faire, Archie ! Nous sommes assermentés. Nous vous avons vu. Envoyer ad patres une trentaine de personnes ne vous fait ni chaud ni froid n'est-ce pas ? Vous croyez peut-être qu'en mourant avec nous, vous auriez pu racheter votre titre de noblesse ? Voyons ! Vous avez pourtant une chance de perdre avec quelque dignité. N'auriez-vous pas là-haut, dans votre bureau, l'un de ces vieux pistolets dont les majors anglais de retour des Indes ne se séparent jamais. Si vous alliez y voir !

Les deux hommes se défiaient du regard. Enfin, sir Archibald Scanlon se leva et se dirigea lentement vers la porte-fenêtre du salon.

– Boris, qu'est-ce qui te prend, bon sang ! Qu'est-ce que tu fais !

Corentin examina tour à tour les deux étudiantes, immobiles dans le soleil du matin ; il posa son regard sur Géraldine, dont les yeux avaient pris une intensité sans pareille. Il sembla à Boris qu'elle l'approuvait. Ensuite il dit à Brichot, son fidèle compagnon d'armes :

– Je fais ce qui doit être fait. Tu imagines le pataquès, s'il y a procès. Tu veux qu'ils s'en tirent pour recommencer ailleurs ?

Sur le seuil de sa demeure, Scanlon se retourna :

– James ! Tu montes avec moi ou tu suis ces messieurs. Comme tu veux.

Sans attendre la réponse, l'Anglais disparut dans sa maison. Boris dit à voix haute :

– Au revoir, sir Archibald Scanlon !

On entendit les pas de l'Anglais s'interrompre un instant dans l'escalier, avant de reprendre. Corentin reporta son attention sur James Taylor. Son visage était devenu comme un paysage dont on pouvait lire les ombres et les lumières, et le combat qui s'y livrait.

Finalement, il tourna sur ses talons, et on l'entendit bientôt monter à son tour les escaliers.

– Nous allons délivrer toutes ces femmes mais attendons la fin de cette histoire.

Il se passa quelques minutes avant que le bruit de deux détonations ne s'élance vers les hectares de la grande palmeraie et les greens du golf.

Brichot finit par dire :

– Que s'est-il passé là-haut ?

– Tu es un bon flic, Mémé. Tu le sais comme moi. S'il y avait eu deux pistolets là-haut, les deux détonations se fussent confondues. Comme il s'est écoulé un certain temps entre les deux…

– Il n'y avait qu'un seul pistolet. Sir Scanlon a tiré sur son butler, puis s'est donné la mort.

– Tout à fait, Mémé. Tout à fait.

L'EXÉCUTEUR
COLLECTOR

N° 1 Guerre à la mafia

N° 2 Massacre à Beverly Hills

N° 3 Le masque de combat

N° 4 Typhon sur Miami

N° 5 Opération Riviéra

N° 6 Assaut sur Soho

N° 7 Cauchemar à New York

N° 8 Carnage à Chicago

N° 9 Violence à Vegas

N° 10 Châtiment à Chicago

N° 11 Fusillade à San Francisco

N° 12 Le Blitz de Boston

N° 13 La Prise de Washington

N° 14 Le Siège de San Diego

N° 15 Panique à Philadelphie

N° 16 Le Tocsin Sicilien

N° 17 Le Sang appelle le Sang

N° 18 Tempête au Texas

N° 19 Débacle à Détroit

N° 20 Nivellement de New Orleans

N° 21 Survie à Seattle

N° 22 L'Enfer Havaiien

N° 23 Le Sac de saint Louis

N° 24 Le Complot Canadien

N° 25 Le Commando du Colorado

N° 26 Le Capo d'Acapulco

N° 27 L'Attaque d'Atlanta

N° 28 Le retour aux Sources

N° 29 Méprise à Manhattan

N° 30 Contact à Cleveland

N° 31 Embuscade en Arizona

N° 32 Hit-Parade à Nashville

N° 33 Lundi Linceuls

N° 34 Mardi Massacre

N° 35 Mercredi des cendres

N° 36 jeudi Justice

N° 37 Vendredi vengeance

N° 38 Samedi Maudit

chaque volume 6,10 €
(+ Frais de port : 1,70 € par livre)

HORS

Sanglante Succession

7,60 €

Morello l'Ordure n'avait pas usurpé son nom. Même les "amici" avaient songé à le supprimer. Mais son rôle dans la main-mise sur les réserves pétrolières de Cleveland - centre économique des États-Unis - le rendait très précieux à la Mafia... Seul Bolan oserait s'attaquer à cet homme sauvage dont les pipe-lines charriaient autant de pétrole que de sang humain...

Bolan a peur. Des signes imperceptibles lui indiquent que la Mafia prépare un coup d'État. Ni plus ni moins: le rassemblement d'une force militaire armée jusqu'aux dents quelque part dans le désert d'Arizona; le téléguidage d'un "conseiller" à la Maison-Blanche; le pourrissement de l'intérieur de toutes les institutions fédérales... Ce n'est pas la première fois que les ambitions de la Commissione frôlent la démesure, mais c'est pour la première fois que Bolan n'est pas leur cible. Comme s'il était devenu quantité négligeable...

— Prend garde à toi Mack,
ils appellent
ça la "Force du Diable"...
Un nouveau nom murmuré
le long des côtes de Floride.
Des pirates modernes
sans foi ni loi.
L'aube venait à peine de naître
sur ce jeudi où règnerait
la Justice...
Celle de l'Exécuteur !

Nashville: pays de la musique,
soixante millions de dollars
de bénéfice par an.
Les gros bonnets de la Mafia s'y refont une santé. Et quoi de plus facile qu'une cargaison de came pour tous ces dingues de la Pop?
Carls Lyons, un fédé, vieil ami de Mack Bolan, disparaît après s'être infiltré parmi les trafiquants. Les fédéraux sont au pied du mur.
Seul l'Exécuteur peut gagner ce Hit-Parade macabre...

C'est le mercredi de la dernière semaine de Bolan, le round final contre la Mafia. Dans la Famille les règlements de compte atteignent un tel paroxysme, qu'une machination diabolique devient évidente.
Quelque part, dans une base atomique du Nouveau Mexique, un fou prépare la destruction du monde occidental.
Et quand une telle menace existe, arrive pour l'éxécuteur le moment où tuer, c'est encore trop peu…

Tous les chefs de famille étaient réunis. Ils fixaient silencieusement le représantant de la Commissione, Frankie, l'As noir.
L'ordre du jour : éliminer Mak Bolan.
C'était pour leur faire perdre ce combat, que "Frankie-Bolan" s'était enfoncé dansle camp des vautours.
Pour que ceux-ci se dévorent entre eux, en ce Vendredi Vengeance.

BLADE
178
La porte de la mort

Impression réalisée par

BRODARD & TAUPIN

à La Flèche (Sarthe), le 02-09-2011

VAUVENARGUE – 14, rue Léonce Reynaud - 75116 Paris
Tél : 01-40-70-95-57

– N° d'imp. : 65327 –
Dépôt légal : septembre 2011
Imprimé en France